CP
CÓDIGO PENAL

2025

O livro é a porta que se abre para a realização do homem.

Jair Lot Vieira

Supervisão editorial
JAIR LOT VIEIRA

CP
CÓDIGO PENAL

Para conferir as atualizações publicadas após a data de fechamento desta edição*, acesse:

* Acesso válido até 31.12.2025.

coleção mini códigos

edipro

Copyright desta edição © 2025 by Edipro Edições Profissionais Ltda.

Todos os direitos reservados. Nenhuma parte deste livro poderá ser reproduzida ou transmitida de qualquer forma ou por quaisquer meios, eletrônicos ou mecânicos, incluindo fotocópia, gravação ou qualquer sistema de armazenamento e recuperação de informações, sem permissão por escrito do editor.

Grafia conforme o novo Acordo Ortográfico da Língua Portuguesa.

2ª edição, 1ª reimpressão 2025.

Data de fechamento da edição: 19.3.2025.

Editores: Jair Lot Vieira e Maíra Lot Vieira Micales
Coordenação editorial: Karine Moreto de Almeida
Revisão: Equipe Edipro
Diagramação: Aniele de Macedo Estevo e Karine Moreto de Almeida
Capa: Ana Luísa Regis Segala

Dados Internacionais de Catalogação na Publicação (CIP)
(Câmara Brasileira do Livro, SP, Brasil)

Código penal / supervisão editorial Jair Lot Vieira. – 2. ed. – São Paulo : Edipro, 2025. – (Coleção minicódigos)

ISBN 978-65-5660-168-7

1. Direito penal – Leis e legislação – Brasil I. Vieira, Jair Lot. II. Série.

24-237159   CDU-343(81)(094.4)

Índice para catálogo sistemático:
1. Brasil : Código penal : 343(81)(094.4)

Cibele Maria Dias – Bibliotecária – CRB-8/9427

edipro

São Paulo: (11) 3107-7050 • Bauru: (14) 3234-4121
www.edipro.com.br • edipro@edipro.com.br
@editoraedipro @editoraedipro

SUMÁRIO

LEI DE INTRODUÇÃO DO CÓDIGO PENAL E DA LEI DAS CONTRAVENÇÕES PENAIS
DECRETO-LEI Nº 3.914, DE 9 DE DEZEMBRO DE 1941

LEI DE INTRODUÇÃO DO CÓDIGO PENAL (DECRETO-LEI Nº 2.848, DE 7.12.1940) E DA LEI DAS CONTRAVENÇÕES PENAIS (DECRETO-LEI Nº 3.688, DE 3.10.1941) (arts. 1º a 27) **11**

LEI DAS CONTRAVENÇÕES PENAIS
DECRETO-LEI Nº 3.688, DE 3 DE OUTUBRO DE 1941
Atualizado até a Lei nº 14.994, de 9.10.2024.

LEI DAS CONTRAVENÇÕES PENAIS (arts. 1º a 72) **17**

CÓDIGO PENAL
DECRETO-LEI Nº 2.848, DE 7 DE DEZEMBRO DE 1940
Atualizado até a Lei nº 15.035, de 27.11.2024.

PARTE GERAL
(arts. 1º a 120)

TÍTULO I • DA APLICAÇÃO DA LEI PENAL (arts. 1º a 12)	**31**
TÍTULO II • DO CRIME (arts. 13 a 25)	**34**
TÍTULO III • DA IMPUTABILIDADE PENAL (arts. 26 a 28)	**36**
TÍTULO IV • DO CONCURSO DE PESSOAS (arts. 29 a 31)	**37**
TÍTULO V • DAS PENAS (arts. 32 a 95)	**38**
Capítulo I – Das Espécies de Pena (arts. 32 a 52)	38
Seção I – Das Penas Privativas de Liberdade (arts. 33 a 42) ...	38
Seção II – Das Penas Restritivas de Direitos (arts. 43 a 48)	40
Seção III – Da Pena de Multa (arts. 49 a 52)	43
Capítulo II – Da Cominação das Penas (arts. 53 a 58)	44
Capítulo III – Da Aplicação da Pena (arts. 59 a 76)	45
Capítulo IV – Da Suspensão Condicional da Pena (arts. 77 a 82)	50

SUMÁRIO • CÓDIGO PENAL •

Capítulo V – Do Livramento Condicional (arts. 83 a 90) 51
Capítulo VI – Dos Efeitos da Condenação (arts. 91 a 92) 53
Capítulo VII – Da Reabilitação (arts. 93 a 95) 55
TÍTULO VI • DAS MEDIDAS DE SEGURANÇA (arts. 96 a 99) **55**
TÍTULO VII • DA AÇÃO PENAL (arts. 100 a 106) **56**
TÍTULO VIII • DA EXTINÇÃO DA PUNIBILIDADE (arts. 107 a 120) **58**

PARTE ESPECIAL
(arts. 121 a 361)

TÍTULO I • DOS CRIMES CONTRA A PESSOA (arts. 121 a 154-B) **62**
  Capítulo I – Dos Crimes Contra a Vida (arts. 121 a 128) 62
  Capítulo II – Das Lesões Corporais (art. 129) 66
  Capítulo III – Da Periclitação da Vida e da Saúde
  (arts. 130 a 136) 67
  Capítulo IV – Da Rixa (art. 137) 70
  Capítulo V – Dos Crimes Contra a Honra (arts. 138 a 145) 70
  Capítulo VI – Dos Crimes Contra a Liberdade Individual
  (arts. 146 a 154-B) 72
    Seção I – Dos Crimes Contra a Liberdade Pessoal
    (arts. 146 a 149-A) 72
    Seção II – Dos Crimes Contra a Inviolabilidade do Domicílio
    (art. 150) 75
    Seção III – Dos Crimes Contra a Inviolabilidade de
    Correspondência (arts. 151 e 152) 76
    Seção IV – Dos Crimes Contra a Inviolabilidade dos
    Segredos (arts. 153 a 154-B) 77
TÍTULO II • DOS CRIMES CONTRA O PATRIMÔNIO
(arts. 155 a 183-A) **78**
  Capítulo I – Do Furto (arts. 155 e 156) 79
  Capítulo II – Do Roubo e da Extorsão (arts. 157 a 160) 80
  Capítulo III – Da Usurpação (arts. 161 e 162) 82
  Capítulo IV – Do Dano (arts. 163 a 167) 83
  Capítulo V – Da Apropriação Indébita (arts. 168 a 170) 84
  Capítulo VI – Do Estelionato e Outras Fraudes (arts. 171 a 179) ... 85
  Capítulo VII – Da Receptação (arts. 180 e 180-A) 90
  Capítulo VIII – Disposições Gerais (arts. 181 a 183-A) 91

TÍTULO III · DOS CRIMES CONTRA A PROPRIEDADE IMATERIAL (arts. 184 a 196) **91**

Capítulo I – Dos Crimes Contra a Propriedade Intelectual (arts. 184 a 186) 91
Capítulo II – Dos Crimes Contra o Privilégio de Invenção (arts. 187 a 191) 93
Capítulo III – Dos Crimes Contra as Marcas de Indústria e Comércio (arts. 192 a 195) 93
Capítulo IV – Dos Crimes de Concorrência Desleal (art. 196) 93

TÍTULO IV · DOS CRIMES CONTRA A ORGANIZAÇÃO DO TRABALHO (arts. 197 a 207) **93**

TÍTULO V · DOS CRIMES CONTRA O SENTIMENTO RELIGIOSO E CONTRA O RESPEITO AOS MORTOS (arts. 208 a 212) **95**

Capítulo I – Dos Crimes Contra o Sentimento Religioso (art. 208) 95
Capítulo II – Dos Crimes Contra o Respeito aos Mortos (arts. 209 a 212) 96

TÍTULO VI · DOS CRIMES CONTRA A DIGNIDADE SEXUAL (arts. 213 a 234-C) **96**

Capítulo I – Dos Crimes Contra a Liberdade Sexual (arts. 213 a 216-A) 96
Capítulo I-A – Da Exposição da Intimidade Sexual (art. 216-B) 97
Capítulo II – Dos Crimes Sexuais Contra Vulnerável (arts. 217 a 218-C) 98
Capítulo III – Do Rapto (arts. 219 a 222) 100
Capítulo IV – Disposições Gerais (arts. 223 a 226) 100
Capítulo V – Do Lenocínio e do Tráfico de Pessoa para Fim de Prostituição ou Outra Forma de Exploração Sexual (arts. 227 a 232-A) 100
Capítulo VI – Do Ultraje Público ao Pudor (arts. 233 e 234) 102
Capítulo VII – Disposições Gerais (arts. 234-A a 234-C) 103

TÍTULO VII · DOS CRIMES CONTRA A FAMÍLIA (arts. 235 a 249) **103**

Capítulo I – Dos Crimes Contra o Casamento (arts. 235 a 240) 103
Capítulo II – Dos Crimes Contra o Estado de Filiação (arts. 241 a 243) 104

SUMÁRIO • CÓDIGO PENAL •

Capítulo III – Dos Crimes Contra a Assistência Familiar (arts. 244 a 247) 105
Capítulo IV – Dos Crimes Contra o Pátrio Poder, Tutela ou Curatela (arts. 248 e 249) 106

TÍTULO VIII • DOS CRIMES CONTRA A INCOLUMIDADE PÚBLICA (arts. 250 a 285) **107**

Capítulo I – Dos Crimes de Perigo Comum (arts. 250 a 259) 107
Capítulo II – Dos Crimes Contra a Segurança dos Meios de Comunicação e Transporte e Outros Serviços Públicos (arts. 260 a 266) 109
Capítulo III – Dos Crimes Contra a Saúde Pública (arts. 267 a 285) 111

TÍTULO IX • DOS CRIMES CONTRA A PAZ PÚBLICA (arts. 286 a 288-A) **115**

TÍTULO X • DOS CRIMES CONTRA A FÉ PÚBLICA (arts. 289 a 311-A) **116**

Capítulo I – Da Moeda Falsa (arts. 289 a 292) 116
Capítulo II – Da Falsidade de Títulos e Outros Papéis Públicos (arts. 293 a 295) 117
Capítulo III – Da Falsidade Documental (arts. 296 a 305) 119
Capítulo IV – De Outras Falsidades (arts. 306 a 311) 122
Capítulo V – Das Fraudes em Certames de Interesse Público (art. 311-A) 124

TÍTULO XI • DOS CRIMES CONTRA A ADMINISTRAÇÃO PÚBLICA (arts. 312 a 359-H) **124**

Capítulo I – Dos Crimes Praticados por Funcionário Público Contra a Administração em Geral (arts. 312 a 327) 124
Capítulo II – Dos Crimes Praticados por Particular Contra a Administração em Geral (arts. 328 a 337-A) 128
Capítulo II-A – Dos Crimes Praticados por Particular Contra a Administração Pública Estrangeira (arts. 337-B a 337-D) 132
Capítulo II-B – Dos Crimes em Licitações e Contratos Administrativos (arts. 337-E a 337-P) 133
Capítulo III – Dos Crimes Contra a Administração da Justiça (arts. 338 a 359) 136
Capítulo IV – Dos Crimes Contra as Finanças Públicas (arts. 359-A a 359-H) 140

TÍTULO XII • DOS CRIMES CONTRA O ESTADO DEMOCRÁTICO DE DIREITO (arts. 359-I a 359-U) **142**
   Capítulo I – Dos Crimes Contra a Soberania Nacional
   (arts. 359-I a 359-K) 142
   Capítulo II – Dos Crimes Contra as Instituições Democráticas
   (arts. 359-L e 359-M) 143
   Capítulo III – Dos Crimes Contra o Funcionamento das
   Instituições Democráticas no Processo Eleitoral
   (arts. 359-N a 359-Q) 144
   Capítulo IV – Dos Crimes Contra o Funcionamento
   dos Serviços Essenciais (art. 359-R) 144
   Capítulo V – (Vetado) (art. 359-S) 145
   Capítulo VI – Disposições Comuns (arts. 359-T e 359-U) 145
DISPOSIÇÕES FINAIS • (arts. 360 e 361) **145**

ANEXOS

Anexo I – Súmulas do Supremo Tribunal Federal 147
Anexo II – Súmulas Vinculantes do Supremo Tribunal Federal 150
Anexo III – Temas com Repercussão Geral do Supremo
Tribunal Federal 151
Anexo IV – Súmulas do Superior Tribunal de Justiça 153
ÍNDICE REMISSIVO **159**

LEI DE INTRODUÇÃO DO CÓDIGO PENAL E DA LEI DAS CONTRAVENÇÕES PENAIS

DECRETO-LEI Nº 3.914, DE 9 DE DEZEMBRO DE 1941

Os valores monetários das penas de multas previstas nesta Lei de Introdução foram cancelados pelo art. 2º da Lei nº 7.209/1984.

Lei de Introdução do Código Penal (Decreto-Lei nº 2.848, de 7.12.1940) e da Lei das Contravenções Penais (Decreto-Lei nº 3.688, de 3.10.1941).

O Presidente da República, usando da atribuição que lhe confere o art. 180 da Constituição♦,

♦ Refere-se à Constituição dos Estados Unidos do Brasil/1937.

Decreta:

Art. 1º. Considera-se crime a infração penal a que a lei comina pena de reclusão ou de detenção, quer isoladamente, quer alternativa ou cumulativamente com a pena de multa; contravenção, a infração penal a que a lei comina, isoladamente, pena de prisão simples ou de multa, ou ambas, alternativa ou cumulativamente.

Art. 2º. Quem incorrer em falência será punido:

I – se fraudulenta a falência, com a pena de reclusão, por 2 (dois) a 6 (seis) anos;

II – se culposa, com a pena de detenção, por 6 (seis) meses a 3 (três) anos.

Art. 3º. Os fatos definidos como crimes no Código Florestal, quando não compreendidos em disposição do Código Penal, passam a constituir contravenções, punidas com a pena de prisão simples, por 3 (três) meses a 1 (um) ano, ou de multa, ou com ambas as penas, cumulativamente.

Art. 4º. Quem cometer contravenção prevista no Código Florestal será punido com pena de prisão simples, por 15 (quinze) dias a 3 (três) meses, ou de multa, ou com ambas as penas, cumulativamente.

Art. 5º. Os fatos definidos como crimes no Código de Pesca (Decreto-Lei nº 794, de 19 de outubro de 1938)♦, passam a constituir contravenções, punidas com a pena de prisão simples, por 3 (três) meses a 1 (um) ano, ou de multa, ou com ambas as penas, cumulativamente.

♦ O Decreto-Lei nº 794/1938 foi revogado pelo Decreto-Lei nº 221/1967.

Art. 6º. Quem, depois de punido administrativamente por infração da legislação especial sobre a caça, praticar qualquer infração definida na mesma legislação, ficará sujeito à pena de prisão simples, por 15 (quinze) dias a 3 (três) meses.

Art. 7º. No caso do art. 71 do Código de Menores (Decreto nº 17.943-A, de 12 de outubro de 1927)♦, o juiz determinará a internação do menor em seção especial de escola de reforma.

♦ O Decreto nº 17.943-A/1927 foi revogado pela Lei nº 6.697/1979.
• Vide art. 27 do CP.

§ 1º. A internação durará, no mínimo, 3 (três) anos.

§ 2º. Se o menor completar 21 (vinte e um) anos, sem que tenha sido revogada a medida de internação, será transferido para colônia agrícola ou para instituto de trabalho, de reeducação ou de ensino profissional, ou seção especial de outro estabelecimento, à disposição do juiz criminal.

§ 3º. Aplicar-se-á, quanto à revogação da medida, o disposto no Código Penal sobre a revogação de medida de segurança.

Art. 8º. As interdições permanentes, previstas na legislação especial como efeito de sentença condenatória, durarão pelo tempo de 20 (vinte) anos.

Art. 9º. As interdições permanentes, impostas em sentença condenatória passada em julgado, ou desta decorrentes, de acordo com a Consolidação das Leis Penais♦, durarão pelo prazo máximo estabelecido no Código Penal para a espécie correspondente.

♦ A Consolidação das Leis Penais, aprovada pelo Decreto nº 22.213/1932, foi revogada pelo Decreto nº 11/1991.

Parágrafo único. Aplicar-se-á o disposto neste artigo às interdições temporárias com prazo de duração superior ao limite máximo fixado no Código Penal.

Art. 10. O disposto nos arts. 8º e 9º não se aplica às interdições que, segundo o Código Penal, podem consistir em incapacidades permanentes.

Art. 11. Observar-se-á, quanto ao prazo de duração das interdições nos casos dos arts. 8º e 9º, o disposto no art. 72 do Código Penal♦, no que for aplicável.

♦ Refere-se à redação anterior às alterações promovidas pela Lei nº 7.209/1984.

Art. 12. Quando, por fato cometido antes da vigência do Código Penal, se tiver de pronunciar condenação, de acordo com a lei anterior, atender-se-á ao seguinte:

I – a pena de prisão celular, ou de prisão com trabalho, será substituída pela de reclusão, ou de detenção, se uma destas for a pena cominada para o mesmo fato pelo Código Penal;

II – a pena de prisão celular ou de prisão com trabalho será substituída pela de prisão simples, se o fato estiver definido como contravenção na lei anterior, ou na Lei das Contravenções Penais.
• Vide arts. 18 a 70 da LCP.

Art. 13. A pena de prisão celular ou de prisão com trabalho imposta em sentença irrecorrível, ainda que já iniciada a execução, será convertida em reclusão, detenção ou prisão simples, de conformidade com as normas prescritas no artigo anterior.
• Vide art. 32 do CP.

Art. 14. A pena convertida em prisão simples, em virtude do art. 409 da Consolidação das Leis Penais, será convertida em reclusão, detenção ou prisão simples, segundo o disposto no art. 13, desde que o condenado possa ser recolhido a estabelecimento destinado à execução da pena resultante da conversão.

Parágrafo único. Abstrair-se-á, no caso de conversão, do aumento que tiver sido aplicado, de acordo com o disposto no art. 409, *in fine*, da Consolidação das Leis Penais♦.
♦ A Consolidação das Leis Penais, aprovada pelo Decreto nº 22.213/1932, foi revogada pelo Decreto nº 11/1991.

Art. 15. A substituição ou conversão da pena, na forma desta Lei, não impedirá a suspensão condicional, se a lei anterior não a excluía.

Art. 16. Se em virtude da substituição da pena, for imposta a de detenção ou a de prisão simples, por tempo superior a 1 (um) ano e que não exceda de 2 (dois), o juiz poderá conceder a suspensão condicional da pena, desde que reunidas as demais condições exigidas pelo art. 57 do Código Penal♦.
♦ Refere-se à redação anterior às alterações promovidas pela Lei nº 7.209/1984. Vide atuais arts. 77 a 82 do CP.

Art. 17. Aplicar-se-á o disposto no art. 81, § 1º, II e III, do Código Penal♦ aos indivíduos recolhidos a manicômio judiciário ou a outro estabelecimento em virtude do disposto no art. 29, 1ª parte, da Consolidação das Leis Penais♦♦.
♦ Refere-se à redação anterior às alterações promovidas pela Lei nº 7.209/1984. Vide atuais arts. 96 a 99 do CP.
♦♦ A Consolidação das Leis Penais, aprovada pelo Decreto nº 22.213/1932, foi revogada pelo Decreto nº 11/1991.

Art. 18. As condenações anteriores serão levadas em conta para determinação da reincidência em relação a fato praticado depois de entrar em vigor o Código Penal.

Art. 19. O juiz aplicará o disposto no art. 2º, parágrafo único, *in fine*, do Código Penal, nos seguintes casos:

I – se o Código ou a Lei das Contravenções Penais cominar para o fato pena de multa, isoladamente, e na sentença tiver sido imposta pena privativa de liberdade;

II – se o Código ou a Lei das Contravenções cominar para o fato pena privativa de liberdade por tempo inferior ao da pena cominada na lei aplicada pela sentença.

Parágrafo único. Em nenhum caso, porém, o juiz reduzirá a pena abaixo do limite que fixaria se pronunciasse condenação de acordo com o Código Penal.
* Vide art. 2º do CP.

Art. 20. Não poderá ser promovida ação pública por fato praticado antes da vigência do Código Penal:

I – quando, pela lei anterior, somente cabia ação privada;

II – quando, ao contrário do que dispunha a lei anterior, o Código Penal só admite ação privada.

Parágrafo único. O prazo estabelecido no art. 105 do Código Penal♦ correrá, na hipótese do nº II:
♦ Refere-se à redação anterior às alterações promovidas pela Lei nº 7.209/1984. Vide atual art. 103 do CP.

a) de 1º do janeiro de 1942, se o ofendido sabia, anteriormente, quem era o autor do fato;

b) no caso contrário, do dia em que vier a saber quem é o autor do fato.

Art. 21. Nos casos em que o Código Penal exige representação, sem esta não poderá ser intentada ação pública por fato praticado antes de 1º de janeiro de 1942; prosseguindo-se, entretanto, na que tiver sido anteriormente iniciada, haja ou não representação.

Parágrafo único. Atender-se-á, no que for aplicável, ao disposto no parágrafo único do artigo anterior.

Art. 22. Onde não houver estabelecimento adequado para a execução de medida de segurança detentiva estabelecida no art. 88, § 1º, III, do Código Penal,♦ aplicar-se-á a de liberdade vigiada, até que seja criado aquele estabelecimento ou adotada qualquer das providências previstas no art. 89, e seu parágrafo, do mesmo Código.
♦ Refere-se à redação anterior às alterações promovidas pela Lei nº 7.209/1984. Vide atuais arts. 96 a 99 do CP.

Parágrafo único. Enquanto não existir estabelecimento adequado, as medidas detentivas estabelecidas no art. 88, § 1º, I e II, do Código Penal♦ poderão ser executadas em seções especiais de manicômio comum, asilo ou casa de saúde.
♦ Refere-se à redação anterior às alterações promovidas pela Lei nº 7.209/1984. Vide atuais arts. 96 a 99 do CP.

Art. 23. Onde não houver estabelecimento adequado ou adaptado à execução das penas de reclusão, detenção ou prisão, poderão estas ser cumpridas em prisão comum.

Art. 24. Não se aplicará o disposto no art. 79, II, do Código Penal♦ a indivíduo que, antes de 1º de janeiro de 1942, tenha sido absolvido por sentença passada em julgado.
♦ Refere-se à redação anterior às alterações promovidas pela Lei nº 7.209/1984. Sem correspondência no Código Penal em vigor.

Art. 25. A medida de segurança aplicável ao condenado que, a 1º de janeiro de 1942, ainda não tenha cumprido a pena, é a liberdade vigiada.

Art. 26. A presente Lei não se aplica aos crimes referidos do art. 360 do Código Penal, salvo os de falência.

Art. 27. Esta Lei entrará em vigor em 1º de janeiro de 1942; revogadas as disposições em contrário.

Rio de Janeiro, 9 de dezembro de 1941, 120º da Independência e 53º da República.

Getúlio Vargas

CLBR de 31.12.1941

LEI DAS CONTRAVENÇÕES PENAIS

DECRETO-LEI Nº 3.688, DE 3 DE OUTUBRO DE 1941

Atualizado até a Lei nº 14.994, de 9.10.2024.
Os valores monetários das penas de multas previstas nesta Lei foram cancelados pelo art. 2º da Lei nº 7.209/1984.

O Presidente da República, usando das atribuições que lhe confere o artigo 180 da Constituição♦,

♦ Refere-se à Constituição dos Estados Unidos do Brasil/1937.

Decreta:

PARTE GERAL

Aplicação das regras gerais do Código Penal

Art. 1º. Aplicam-se às contravenções as regras gerais do Código Penal, sempre que a presente Lei não disponha de modo diverso.

Territorialidade

Art. 2º. A lei brasileira só é aplicável à contravenção praticada no território nacional.

• Vide art. 12 do CP.

Voluntariedade. Dolo e culpa

Art. 3º. Para a existência da contravenção, basta a ação ou omissão voluntária. Deve-se, todavia, ter em conta o dolo ou a culpa, se a lei faz depender, de um ou de outra, qualquer efeito jurídico.

Tentativa

Art. 4º. Não é punível a tentativa de contravenção.

Penas principais

Art. 5º. As penas principais são:

I – prisão simples;

II – multa.

Prisão simples

Art. 6º. A pena de prisão simples deve ser cumprida, sem rigor penitenciário, em estabelecimento especial ou seção especial de prisão comum, em regime semiaberto ou aberto.

• Art. 6º, *caput*, com redação dada pela Lei nº 6.416/1977.

§ 1º. O condenado à pena de prisão simples fica sempre separado dos condenados à pena de reclusão ou de detenção.

§ 2º. O trabalho é facultativo, se a pena aplicada não excede a 15 (quinze) dias.

Reincidência

Art. 7º. Verifica-se a reincidência quando o agente pratica uma contravenção depois de passar em julgado a sentença que o tenha condenado, no Brasil ou no estrangeiro, por qualquer crime, ou, no Brasil, por motivo de contravenção.

Erro de direito

Art. 8º. No caso de ignorância ou de errada compreensão da lei, quando escusáveis, a pena pode deixar de ser aplicada.

Conversão da multa em prisão simples

Art. 9º. A multa converte-se em prisão simples, de acordo com o que dispõe o Código Penal sobre a conversão de multa em detenção.
• Vide art. 51 do CP.

Parágrafo único. Se a multa é a única pena cominada, a conversão em prisão simples se faz entre os limites de 15 (quinze) dias e 3 (três) meses.

Duração e limites das penas

Art. 10. A duração da pena de prisão simples não pode, em caso algum, ser superior a 5 (cinco) anos, nem a importância das multas ultrapassar 50 (cinquenta) contos de réis.

Suspensão condicional da pena de prisão simples

Art. 11. Desde que reunidas as condições legais, o juiz pode suspender, por tempo não inferior a 1 (um) ano nem superior a 3 (três), a execução da pena de prisão simples, bem como conceder livramento condicional.
• Art. 11 com redação dada pela Lei nº 6.416/1977.

Penas acessórias

Art. 12. As penas acessórias são a publicação da sentença e as seguintes interdições de direitos:

I – a incapacidade temporária para profissão ou atividade, cujo exercício dependa de habilitação especial, licença ou autorização do poder público;

II – a suspensão dos direitos políticos.

Parágrafo único. Incorrem:

a) na interdição sob nº I, por 1 (um) mês a 2 (dois) anos, o condenado por motivo de contravenção cometida com abuso de profissão ou atividade ou com infração de dever a ela inerente;

b) na interdição sob nº II, o condenado à pena privativa de liberdade, enquanto dure a execução da pena ou a aplicação da medida de segurança detentiva.

Medidas de segurança

Art. 13. Aplicam-se, por motivo de contravenção, as medidas de segurança estabelecidas no Código Penal, à exceção do exílio local.
• Vide arts. 96 a 99 do CP.

Presunção de periculosidade

Art. 14. Presumem-se perigosos, além dos indivíduos a que se referem os nºs I e II do art. 78 do Código Penal*:
* Refere-se à redação anterior às alterações promovidas pela Lei nº 7.209/1984. Sem correspondência no Código Penal em vigor.

I – o condenado por motivo de contravenção cometida em estado de embriaguez pelo álcool ou substância de efeitos análogos, quando habitual a embriaguez;

II – o condenado por vadiagem ou mendicância;

III – (revogado);
* Inciso III revogado pela Lei nº 6.416/1977.

IV – (revogado).
* Inciso IV revogado pela Lei nº 6.416/1977.

Internação em colônia agrícola ou em instituto de trabalho, de reeducação ou de ensino profissional

Art. 15. São internados em colônia agrícola ou em instituto de trabalho, de reeducação ou de ensino profissional, pelo prazo mínimo de 1 (um) ano:

I – o condenado por vadiagem (art. 59);

II – o condenado por mendicância (art. 60 e seu parágrafo);

III – (revogado).
* Inciso III revogado pela Lei nº 6.416/1977.

Internação em manicômio judiciário ou em casa de custódia e tratamento

Art. 16. O prazo mínimo de duração da internação em manicômio judiciário ou em casa de custódia e tratamento é de 6 (seis) meses.

Parágrafo único. O juiz, entretanto, pode, ao invés de decretar a internação, submeter o indivíduo a liberdade vigiada.

Ação penal

Art. 17. A ação penal é pública, devendo a autoridade proceder de ofício.
* Vide Súmula 38 do STJ.

PARTE ESPECIAL

CAPÍTULO I
DAS CONTRAVENÇÕES REFERENTES À PESSOA

- Vide arts. 121 a 154 do CP (Crimes contra a pessoa).

Fabrico, comércio ou detenção de armas ou munição

Art. 18. Fabricar, importar, exportar, ter em depósito ou vender, sem permissão da autoridade, arma ou munição:

- Vide art. 334 do CP.

Pena – prisão simples, de 3 (três) meses a 1 (um) ano, ou multa, ou ambas cumulativamente, se o fato não constitui crime contra a ordem política ou social.

Porte de arma

Art. 19. Trazer consigo arma fora de casa ou de dependência desta, sem licença da autoridade:

Pena – prisão simples, de 15 (quinze) dias a 6 (seis) meses, ou multa, ou ambas cumulativamente.

- Vide Súmula 513 do STJ.

§ 1º. A pena é aumentada de 1/3 (um terço) até metade, se o agente já foi condenado, em sentença irrecorrível, por violência contra pessoa.

§ 2º. Incorre na pena de prisão simples, de 15 (quinze) dias a 3 (três) meses, ou multa, quem, possuindo arma ou munição:

a) deixa de fazer comunicação ou entrega à autoridade, quando a lei o determina;

b) permite que alienado, menor de 18 (dezoito) anos ou pessoa inexperiente no manejo de arma a tenha consigo;

c) omite as cautelas necessárias para impedir que dela se apodere facilmente alienado, menor de 18 (dezoito) anos ou pessoa inexperiente em manejá-la.

Anúncio de meio abortivo

Art. 20. Anunciar processo, substância ou objeto destinado a provocar aborto:

Pena – multa.

- Art. 20 com redação dada pela Lei nº 6.734/1979.

Vias de fato

Art. 21. Praticar vias de fato contra alguém:

Pena – prisão simples, de 15 (quinze) dias a 3 (três) meses, ou multa, se o fato não constitui crime.

§ 1º. Aumenta-se a pena de 1/3 (um terço) até a metade se a vítima é maior de 60 (sessenta) anos.

- § 1º renumerado pela Lei nº 14.994/2024.
- Vide Súmulas 588 e 589 do STJ.

§ 2º. Se a contravenção é praticada contra a mulher por razões da condição do sexo feminino,

nos termos do § 1º do art. 121-A do Decreto-Lei nº 2.848, de 7 de dezembro de 1940 (Código Penal), aplica-se a pena em triplo.
• § 2º acrescido pela Lei nº 14.994/2024.

Internação irregular em estabelecimento psiquiátrico

Art. 22. Receber em estabelecimento psiquiátrico, e nele internar, sem as formalidades legais, pessoa apresentada como doente mental:

Pena – multa.

§ 1º. Aplica-se a mesma pena a quem deixa de comunicar à autoridade competente, no prazo legal, internação que tenha admitido, por motivo de urgência, sem as formalidades legais.

§ 2º. Incorre na pena de prisão simples, de 15 (quinze) dias a 3 (três) meses, ou multa, aquele que, sem observar as prescrições legais, deixa de retirar-se ou despede de estabelecimento psiquiátrico pessoa nele internada.

Indevida custódia de doente mental

Art. 23. Receber e ter sob custódia doente mental, fora do caso previsto no artigo anterior, sem autorização de quem de direito:

Pena – prisão simples, de 15 (quinze) dias a 3 (três) meses, ou multa.

CAPÍTULO II
DAS CONTRAVENÇÕES REFERENTES AO PATRIMÔNIO
• Vide arts. 155 a 183-A do CP (Crimes contra o patrimônio).

Instrumento de emprego usual na prática de furto

Art. 24. Fabricar, ceder ou vender gazua ou instrumento empregado usualmente na prática de crime de furto:

Pena – prisão simples, de 6 (seis) meses a 2 (dois) anos, e multa.

Posse não justificada de instrumento de emprego usual na prática de furto

Art. 25. Ter alguém em seu poder, depois de condenado, por crime de furto ou roubo, ou enquanto sujeito à liberdade vigiada ou quando conhecido como vadio ou mendigo, gazuas, chaves falsas ou alteradas ou instrumentos empregados usualmente na prática de crime de furto, desde que não prove destinação legítima:

Pena – prisão simples, de 2 (dois) meses a 1 (um) ano, e multa.
• Vide Tema 113 do STF.

Violação de lugar ou objeto

Art. 26. Abrir, alguém, no exercício de profissão de serralheiro ou ofício análogo, a pedido ou por incumbência de pessoa de cuja legitimidade não se tenha certificado previamente, fechadura ou qualquer outro aparelho destinado à defesa de lugar ou objeto:

Pena – prisão simples, de 15 (quinze) dias a 3 (três) meses, ou multa.

Art. 27. (Revogado).
- Art. 27 revogado pela Lei nº 9.521/1997.

CAPÍTULO III
DAS CONTRAVENÇÕES REFERENTES À INCOLUMIDADE PÚBLICA

- Vide arts. 250 a 285 do CP (Crimes contra a incolumidade pública).

Disparo de arma de fogo

Art. 28. Disparar arma de fogo em lugar habitado ou em suas adjacências, em via pública ou em direção a ela:

Pena – prisão simples, de 1 (um) a 6 (seis) meses, ou multa.

Parágrafo único. Incorre na pena de prisão simples, de 15 (quinze) dias a 2 (dois) meses, ou multa, quem, em lugar habitado ou em suas adjacências, em via pública ou em direção a ela, sem licença da autoridade, causa deflagração perigosa, queima fogo de artifício ou solta balão aceso.

Desabamento de construção

Art. 29. Provocar o desabamento de construção ou, por erro no projeto ou na execução, dar-lhe causa:

Pena – multa, se o fato não constitui crime contra a incolumidade pública.

Perigo de desabamento

Art. 30. Omitir alguém a providência reclamada pelo estado ruinoso de construção que lhe pertence ou cuja conservação lhe incumbe:

Pena – multa.

Omissão de cautela na guarda ou condução de animais

Art. 31. Deixar em liberdade, confiar à guarda de pessoa inexperiente, ou não guardar com a devida cautela animal perigoso:

Pena – prisão simples, de 10 (dez) dias a 2 (dois) meses, ou multa.

Parágrafo único. Incorre na mesma pena quem:

a) na via pública, abandona animal de tiro, carga ou corrida, ou o confia a pessoa inexperiente;

b) excita ou irrita animal, expondo a perigo a segurança alheia;

c) conduz animal, na via pública, pondo em perigo a segurança alheia.

Falta de habilitação para dirigir veículo

Art. 32. Dirigir, sem a devida habilitação, veículo na via pública, ou embarcação a motor em águas públicas:

Pena – multa.
- Vide Súmula 720 do STF.

Pilotar aeronave sem licença

Art. 33. Dirigir aeronave sem estar devidamente licenciado:

Pena – prisão simples, de 15 (quinze) dias a 3 (três) meses, ou multa.

Direção perigosa de veículo na via pública

Art. 34. Dirigir veículos na via pública, ou embarcações em águas públicas, pondo em perigo a segurança alheia:

Pena – prisão simples, de 15 (quinze) dias a 3 (três) meses, ou multa.

Abuso na prática da aviação

Art. 35. Entregar-se, na prática da aviação, a acrobacias ou a voos baixos, fora da zona em que a lei o permite, ou fazer descer a aeronave fora dos lugares destinados a esse fim:

Pena – prisão simples, de 15 (quinze) dias a 3 (três) meses, ou multa.

Falta de sinalização de perigo

Art. 36. Deixar de colocar na via pública sinal ou obstáculo, determinado em lei ou pela autoridade e destinado a evitar perigo a transeuntes:

Pena – prisão simples, de 10 (dez) dias a 2 (dois) meses, ou multa.

Parágrafo único. Incorre na mesma pena quem:

a) apaga sinal luminoso, destrói ou remove sinal de outra natureza ou obstáculo destinado a evitar perigo a transeuntes;

b) remove qualquer outro sinal de serviço público.

Arremesso ou colocação perigosa em via pública

Art. 37. Arremessar ou derramar em via pública, ou em lugar de uso comum, ou do uso alheio, coisa que possa ofender, sujar ou molestar alguém:

Pena – multa.

Parágrafo único. Na mesma pena incorre aquele que, sem as devidas cautelas, coloca ou deixa suspensa coisa que, caindo em via pública ou em lugar de uso comum ou de uso alheio, possa ofender, sujar ou molestar alguém.

Emissão de fumaça, vapor ou gás

Art. 38. Provocar, abusivamente, emissão de fumaça, vapor ou gás, que possa ofender ou molestar alguém:

Pena – multa.

CAPÍTULO IV
DAS CONTRAVENÇÕES REFERENTES À PAZ PÚBLICA

• Vide arts. 286 a 288 do CP (Crimes contra a paz pública).

Associação secreta

Art. 39. (Revogado).
• Art. 39 revogado pela Lei nº 14.197/2021.

Provocação de tumulto ou conduta inconveniente

Art. 40. Provocar tumulto ou portar-se de modo inconveniente ou desrespeitoso, em solenidade ou ato oficial, em assembleia ou espetáculo público, se o fato não constitui infração penal mais grave:

Pena – prisão simples, de 15 (quinze) dias a 6 (seis) meses, ou multa.

Falso alarma

Art. 41. Provocar alarma, anunciando desastre ou perigo inexistente, ou praticar qualquer ato capaz de produzir pânico ou tumulto:

Pena – prisão simples, de 15 (quinze) dias a 6 (seis) meses, ou multa.

Perturbação do trabalho ou do sossego alheios

Art. 42. Perturbar alguém, o trabalho ou o sossego alheios:

I – com gritaria ou algazarra;

II – exercendo profissão incômoda ou ruidosa, em desacordo com as prescrições legais;

III – abusando de instrumentos sonoros ou sinais acústicos;

IV – provocando ou não procurando impedir barulho produzido por animal de que tem a guarda:

Pena – prisão simples, de 15 (quinze) dias a 3 (três) meses, ou multa.

CAPÍTULO V
DAS CONTRAVENÇÕES REFERENTES À FÉ PÚBLICA

- Vide arts. 289 a 311-A do CP (Crimes contra a fé pública).

Recusa de moeda de curso legal

Art. 43. Recusar-se a receber pelo seu valor, moeda de curso legal do país:

Pena – multa.

Imitação de moeda para propaganda

Art. 44. Usar, como propaganda, de impresso ou objeto que pessoa inexperiente ou rústica possa confundir com moeda:

Pena – multa.

Simular-se funcionário público

Art. 45. Fingir-se funcionário público:

Pena – prisão simples, de 1 (um) a 3 (três) meses, ou multa.

Uso ilegítimo de uniforme ou distintivo

Art. 46. Usar, publicamente, de uniforme, ou distintivo de função pública que não exerce; usar, indevidamente, de sinal, distintivo ou denominação cujo emprego seja regulado por lei.

Pena – multa, se o fato não constitui infração penal mais grave.
- Art. 46 com redação dada pelo Decreto-Lei nº 6.916/1944.

CAPÍTULO VI
DAS CONTRAVENÇÕES RELATIVAS À ORGANIZAÇÃO DO TRABALHO
- Vide arts. 197 a 207 do CP (Crimes contra a organização do trabalho).

Exercício ilegal de profissão ou atividade

Art. 47. Exercer profissão ou atividade econômica ou anunciar que a exerce, sem preencher as condições a que por lei está subordinado o seu exercício:

Pena – prisão simples, de 15 (quinze) dias a 3 (três) meses, ou multa.

Exercício ilegal do comércio de coisas antigas e obras de arte

Art. 48. Exercer, sem observância das prescrições legais, comércio de antiguidades, de obras de arte, ou de manuscritos e livros antigos ou raros:

Pena – prisão simples, de 1 (um) a 6 (seis) meses, ou multa.

Matrícula ou escrituração de indústria e profissão

Art. 49. Infringir determinação legal relativa à matrícula ou à escrituração de indústria, de comércio, ou de outra atividade:

Pena – multa.

CAPÍTULO VII
DAS CONTRAVENÇÕES RELATIVAS À POLÍCIA DE COSTUMES

Jogo de azar

Art. 50. Estabelecer ou explorar jogo de azar em lugar público ou acessível ao público, mediante o pagamento de entrada ou sem ele:

Pena – prisão simples, de 3 (três) meses a 1 (um) ano, e multa, estendendo-se os efeitos da condenação à perda dos móveis e objetos de decoração do local.

§ 1º. A pena é aumentada de 1/3 (um terço), se existe entre os empregados ou participa do jogo pessoa menor de 18 (dezoito) anos.

§ 2º. Incorre na pena de multa quem é encontrado a participar do jogo, ainda que pela internet ou por qualquer outro meio de comunicação, como ponteiro ou apostador.
- § 2º com redação dada pela Lei nº 13.155/2015.

§ 3º. Consideram-se jogos de azar:

a) o jogo em que o ganho e a perda dependem exclusiva ou principalmente da sorte;

b) as apostas sobre corrida de cavalos fora de hipódromo ou de local onde sejam autorizadas;

c) as apostas sobre qualquer outra competição esportiva.

§ 4º. Equiparam-se, para os efeitos penais, a lugar acessível ao público:

a) a casa particular em que se realizam jogos de azar, quando deles habitualmente participam pessoas que não sejam da família de quem a ocupa;

b) o hotel ou casa de habitação coletiva, a cujos hóspedes e moradores se proporciona jogo de azar;

c) a sede ou dependência de sociedade ou associação, em que se realiza jogo de azar;

d) o estabelecimento destinado à exploração de jogo de azar, ainda que se dissimule esse destino.

Loteria não autorizada

Art. 51. Promover ou fazer extrair loteria, sem autorização legal:

Pena – prisão simples, de 6 (seis) meses a 2 (dois) anos, e multa, estendendo-se os efeitos da condenação à perda dos móveis existentes no local.

§ 1º. Incorre na mesma pena quem guarda, vende ou expõe à venda, tem sob sua guarda, para o fim de venda, introduz ou tenta introduzir na circulação bilhete de loteria não autorizada.

§ 2º. Considera-se loteria toda ocupação que, mediante a distribuição de bilhete, listas, cupões, vales, sinais, símbolos ou meios análogos, faz depender de sorteio a obtenção de prêmio em dinheiro ou bens de outra natureza.

§ 3º. Não se compreendem na definição do parágrafo anterior os sorteios autorizados na legislação especial.

Loteria estrangeira

Art. 52. Introduzir, no País, para o fim de comércio, bilhete de loteria, rifa ou tômbola estrangeiras:

Pena – prisão simples, de 4 (quatro) meses a 1 (um) ano, e multa.

Parágrafo único. Incorre na mesma pena quem vende, expõe à venda, tem sob sua guarda, para o fim de venda, introduz ou tenta introduzir na circulação, bilhete de loteria estrangeira.

Loteria estadual

Art. 53. Introduzir, para o fim de comércio, bilhete de loteria estadual em território onde não possa legalmente circular:

Pena – prisão simples, de 2 (dois) a 6 (seis) meses, e multa.

Parágrafo único. Incorre na mesma pena quem vende, expõe à venda, tem sob sua guarda, para o fim de venda, introduz ou tenta introduzir na circulação, bilhete de loteria estadual, em território onde não possa legalmente circular.

Exibição ou guarda de lista de sorteio

Art. 54. Exibir ou ter sob sua guarda lista de sorteio de loteria estrangeira:

Pena – prisão simples, de 1 (um) a 3 (três) meses, e multa.

Parágrafo único. Incorre na mesma pena quem exibe ou tem sob sua guarda lista de sorteio de loteria estadual, em território onde esta não possa legalmente circular.

Impressão de bilhetes, lista ou anúncios

Art. 55. Imprimir ou executar qualquer serviço de feitura de bilhetes, lista de sorteio, avisos ou cartazes relativos a loteria, em lugar onde ela não possa legalmente circular:

Pena – prisão simples, de 1 (um) a 6 (seis) meses, e multa.

Distribuição ou transporte de listas ou avisos

Art. 56. Distribuir ou transportar cartazes, listas de sorteio ou avisos de loteria, onde ela não possa legalmente circular:

Pena – prisão simples, de 1 (um) a 3 (três) meses, e multa.

Publicidade de sorteio

Art. 57. Divulgar, por meio de jornal ou outro impresso, de rádio, cinema, ou qualquer outra forma, ainda que disfarçadamente, anúncio, aviso ou resultado de extração de loteria, onde a circulação dos seus bilhetes não seja legal:

Pena – multa.

Jogo do bicho

Art. 58. Explorar ou realizar a loteria denominada jogo do bicho, ou praticar qualquer ato relativo à sua realização ou exploração:

Pena – prisão simples, de 4 (quatro) meses a 1 (um) ano, e multa.

Parágrafo único. Incorre na pena de multa, aquele que participa da loteria, visando a obtenção de prêmio, para si ou para terceiro.

Vadiagem

Art. 59. Entregar-se alguém habitualmente à ociosidade, sendo válido para o trabalho, sem ter renda que lhe assegure meios bastantes de subsistência, ou prover à própria subsistência mediante ocupação ilícita:

Pena – prisão simples, de 15 (quinze) dias a 3 (três) meses.

Parágrafo único. A aquisição superveniente de renda, que assegure ao condenado meios bastantes de subsistência, extingue a pena.

Art. 60. (Revogado).
- Art. 60 revogado pela Lei nº 11.983/2009.

Importunação ofensiva ao pudor

Art. 61. (Revogado).
- Art. 61 revogado pela Lei nº 13.718/2018.
- Vide art. 215-A do CP.

Embriaguez

Art. 62. Apresentar-se publicamente em estado de embriaguez, de modo que cause escândalo ou ponha em perigo a segurança própria ou alheia:

Pena – prisão simples, de 15 (quinze) dias a 3 (três) meses, ou multa.

Parágrafo único. Se habitual a embriaguez, o contraventor é internado em casa de custódia e tratamento.

Bebidas alcoólicas

Art. 63. Servir bebidas alcoólicas:

I – (revogado);
- Inciso I revogado pela Lei nº 13.106/2015.

II – a quem se acha em estado de embriaguez;

III – a pessoa que o agente sabe sofrer das faculdades mentais;

IV – a pessoa que o agente sabe estar judicialmente proibida de frequentar lugares onde se consome bebida de tal natureza:

Pena – prisão simples, de 2 (dois) meses a 1 (um) ano, ou multa.

Crueldade contra animais

Art. 64. Tratar animal com crueldade ou submetê-lo a trabalho excessivo:

Pena – prisão simples, de 10 (dez) dias a 1 (um) mês, ou multa.

§ 1º. Na mesma pena incorre aquele que, embora para fins didáticos ou científicos, realiza, em lugar público ou exposto ao público, experiência dolorosa ou cruel em animal vivo.

§ 2º. Aplica-se a pena com aumento de metade, se o animal é submetido a trabalho excessivo ou tratado com crueldade, em exibição ou espetáculo público.

Perturbação da tranquilidade

Art. 65. (Revogado).
- Art. 65 revogado pela Lei nº 14.132/2021.

CAPÍTULO VIII
DAS CONTRAVENÇÕES REFERENTES À ADMINISTRAÇÃO PÚBLICA

- Vide arts. 312 a 359-H do CP (Crimes contra a Administração Pública).

Omissão de comunicação de crime

Art. 66. Deixar de comunicar à autoridade competente:

I – crime de ação pública, de que teve conhecimento no exercício de função pública, desde que a ação penal não dependa de representação;

II – crime de ação pública, de que teve conhecimento no exercício da medicina ou de outra profissão sanitária, desde que a ação penal não dependa de representação e a comunicação não exponha o cliente a procedimento criminal:

Pena – multa.

Inumação ou exumação de cadáver

Art. 67. Inumar ou exumar cadáver, com infração das disposições legais:

Pena – prisão simples, de 1 (um) mês a 1 (um) ano, ou multa.

Recusar identificação à autoridade

Art. 68. Recusar à autoridade, quando por esta, justificadamente solicitados ou exigidos, dados ou indicações concernentes à própria identidade, estado, profissão, domicílio e residência:

Pena – multa.

Parágrafo único. Incorre na pena de prisão simples, de 1 (um) a 6 (seis) meses, e multa, se o fato não constitui infração penal mais grave, quem, nas mesmas circunstâncias, faz declarações inverídicas a respeito de sua identidade pessoal, estado, profissão, domicílio e residência.

Art. 69. (Revogado).
- Art. 69 revogado pela Lei nº 6.815/1980.

Violação do privilégio postal da União

Art. 70. Praticar qualquer ato que importe violação do monopólio postal da União:

Pena – prisão simples, de 3 (três) meses a 1 (um) ano, ou multa, ou ambas cumulativamente.
- Entendemos prejudicado este art. 70 ante o advento do art. 42 da Lei nº 6.538/1978.

DISPOSIÇÕES FINAIS

Art. 71. Ressalvada a legislação especial sobre florestas, caça e pesca, revogam-se as disposições em contrário.

Art. 72. Esta Lei entrará em vigor no dia 1º de janeiro de 1942.

Rio de Janeiro, 3 de outubro de 1941; 120º da Independência e 53º da República.

Getúlio Vargas

DOU de 3.10.1941

CÓDIGO PENAL

DECRETO-LEI Nº 2.848, DE 7 DE DEZEMBRO DE 1940

Atualizado até a Lei nº 15.035, de 27.11.2024.

Os valores monetários das penas de multas previstas nesta Lei foram cancelados pelo art. 2º da Lei nº 7.209/1984.

O Presidente da República, usando da atribuição que lhe confere o art. 180 da Constituição♦, decreta a seguinte Lei:

♦ Refere-se à Constituição dos Estados Unidos do Brasil/1937.

PARTE GERAL

Parte Geral, arts. 1º a 120, com redação dada pela Lei nº 7.209/1984 – *DOU* de 13.7.1984.

TÍTULO I
DA APLICAÇÃO DA LEI PENAL

Anterioridade da lei

Art. 1º. Não há crime sem lei anterior que o defina. Não há pena sem prévia cominação legal.

- Vide Súmula 722 do STF.

Lei penal no tempo

Art. 2º. Ninguém pode ser punido por fato que lei posterior deixa de considerar crime, cessando em virtude dela a execução e os efeitos penais da sentença condenatória.

- V. art. 107, III, do CP.
- Vide Súmulas 611 e 711 do STF.

Parágrafo único. A lei posterior, que de qualquer modo favorecer o agente, aplica-se aos fatos anteriores, ainda que decididos por sentença condenatória transitada em julgado.

Lei excepcional ou temporária

Art. 3º. A lei excepcional ou temporária, embora decorrido o período de sua duração ou cessadas as circunstâncias que a determinaram, aplica-se ao fato praticado durante sua vigência.

Tempo do crime

Art. 4º. Considera-se praticado o crime no momento da ação ou omissão, ainda que outro seja o momento do resultado.

- V. arts. 13 e 111 do CP.
- Vide Súmula 711 do STF.

Territorialidade

Art. 5º. Aplica-se a lei brasileira, sem prejuízo de convenções, tratados e regras de direito internacional, ao crime cometido no território nacional.

§ 1º. Para os efeitos penais, consideram-se como extensão do território nacional as embarcações e aeronaves brasileiras, de natureza pública ou a serviço do governo brasileiro onde quer que se encontrem, bem como as aeronaves e as embarcações brasileiras, mercantes ou de propriedade privada, que se achem, respectivamente, no espaço aéreo correspondente ou em alto-mar.

§ 2º. É também aplicável a lei brasileira aos crimes praticados a bordo de aeronaves ou embarcações estrangeiras de propriedade privada, achando-se aquelas em pouso no território nacional ou em voo no espaço aéreo correspondente, e estas em porto ou mar territorial do Brasil.

Lugar do crime

Art. 6º. Considera-se praticado o crime no lugar em que ocorreu a ação ou omissão, no todo ou em parte, bem como onde se produziu ou deveria produzir-se o resultado.

Extraterritorialidade

Art. 7º. Ficam sujeitos à lei brasileira, embora cometidos no estrangeiro:
- V. arts. 1º e 88 do CP.

I – os crimes:

a) contra a vida ou a liberdade do Presidente da República;

b) contra o patrimônio ou a fé pública da União, do Distrito Federal, de Estado, de Território, de Município, de empresa pública, sociedade de economia mista, autarquia ou fundação instituída pelo Poder Público;

c) contra a administração pública, por quem está a seu serviço;
- V. arts. 312 a 327 do CP.

d) de genocídio, quando o agente for brasileiro ou domiciliado no Brasil;

II – os crimes:

a) que, por tratado ou convenção, o Brasil se obrigou a reprimir;

b) praticados por brasileiro;

c) praticados em aeronaves ou embarcações brasileiras, mercantes ou de propriedade privada, quando em território estrangeiro e aí não sejam julgados.
- V. art. 261 do CP.

§ 1º. Nos casos do inciso I, o agente é punido segundo a lei brasileira, ainda que absolvido ou condenado no estrangeiro.

§ 2º. Nos casos do inciso II, a aplicação da lei brasileira depende do concurso das seguintes condições:

a) entrar o agente no território nacional;

b) ser o fato punível também no país em que foi praticado;

c) estar o crime incluído entre aqueles pelos quais a lei brasileira autoriza a extradição;

d) não ter sido o agente absolvido no estrangeiro ou não ter aí cumprido a pena;

e) não ter sido o agente perdoado no estrangeiro ou, por outro motivo, não estar extinta a punibilidade, segundo a lei mais favorável.
- V. arts. 107 a 120 do CP.

§ 3º. A lei brasileira aplica-se também ao crime cometido por estrangeiro contra brasileiro fora do Brasil, se, reunidas as condições previstas no parágrafo anterior:

a) não foi pedida ou foi negada a extradição;

b) houve requisição do Ministro da Justiça.

Pena cumprida no estrangeiro

Art. 8º. A pena cumprida no estrangeiro atenua a pena imposta no Brasil pelo mesmo crime, quando diversas, ou nela é computada, quando idênticas.
- V. arts. 42 e 116 do CP.

Eficácia de sentença estrangeira

Art. 9º. A sentença estrangeira, quando a aplicação da lei brasileira produz na espécie as mesmas consequências, pode ser homologada no Brasil para:
- Vide Súmula 420 do STF.

I – obrigar o condenado à reparação do dano, a restituições e a outros efeitos civis;

II – sujeitá-lo a medida de segurança.
- V. arts. 96 a 99 do CP.

Parágrafo único. A homologação depende:

a) para os efeitos previstos no inciso I, de pedido da parte interessada;

b) para os outros efeitos, da existência de tratado de extradição com o país de cuja autoridade judiciária emanou a sentença, ou, na falta de tratado, de requisição do Ministro da Justiça.

Contagem de prazo

Art. 10. O dia do começo inclui-se no cômputo do prazo. Contam-se os dias, os meses e os anos pelo calendário comum.

Frações não computáveis da pena

Art. 11. Desprezam-se, nas penas privativas de liberdade e nas restritivas de direitos, as frações de dia, e, na pena de multa, as frações de cruzeiro.
- V. art. 44, § 4º, do CP.

Legislação especial

Art. 12. As regras gerais deste Código aplicam-se aos fatos incriminados por lei especial, se esta não dispuser de modo diverso.
- Vide Súmula 171 do STJ.

TÍTULO II
DO CRIME

Relação de causalidade

Art. 13. O resultado, de que depende a existência do crime, somente é imputável a quem lhe deu causa. Considera-se causa a ação ou omissão sem a qual o resultado não teria ocorrido.

- V. arts. 19 e 69 a 71 do CP.

Superveniência de causa independente

§ 1º. A superveniência de causa relativamente independente exclui a imputação quando, por si só, produziu o resultado; os fatos anteriores, entretanto, imputam-se a quem os praticou.

Relevância da omissão

§ 2º. A omissão é penalmente relevante quando o omitente devia e podia agir para evitar o resultado. O dever de agir incumbe a quem:

a) tenha por lei obrigação de cuidado, proteção ou vigilância;

b) de outra forma, assumiu a responsabilidade de impedir o resultado;

c) com seu comportamento anterior, criou o risco da ocorrência do resultado.

Art. 14. Diz-se o crime:

Crime consumado

I – consumado, quando nele se reúnem todos os elementos de sua definição legal;

- V. art. 111, I, do CP.
- Vide Súmula 610 do STF.
- Vide Súmula Vinculante 24 do STF.
- Vide Súmula 96 do STJ.

Tentativa

II – tentado, quando, iniciada a execução, não se consuma por circunstâncias alheias à vontade do agente.

- V. art. 111, II, do CP.
- Vide Súmula 567 do STJ.

Pena de tentativa

Parágrafo único. Salvo disposição em contrário, pune-se a tentativa com a pena correspondente ao crime consumado, diminuída de 1 (um) a 2/3 (dois terços).

Desistência voluntária e arrependimento eficaz

Art. 15. O agente que, voluntariamente, desiste de prosseguir na execução ou impede que o resultado se produza, só responde pelos atos já praticados.

Arrependimento posterior

Art. 16. Nos crimes cometidos sem violência ou grave ameaça à pessoa, reparado o dano ou restituída a coisa, até o recebimento da denúncia ou da queixa, por ato voluntário do agente, a pena se-

rá reduzida de 1 (um) a 2/3 (dois terços).
- V. arts. 65, III, "b"; e 312, § 3º, do CP.
- Vide Súmula 554 do STF.

Crime impossível

Art. 17. Não se pune a tentativa quando, por ineficácia absoluta do meio ou por absoluta impropriedade do objeto, é impossível consumar-se o crime.
- Vide Súmula 145 do STF.
- Vide Súmula 567 do STJ.

Art. 18. Diz-se o crime:

Crime doloso

I – doloso, quando o agente quis o resultado ou assumiu o risco de produzi-lo;

Crime culposo

II – culposo, quando o agente deu causa ao resultado por imprudência, negligência ou imperícia.

Parágrafo único. Salvo os casos expressos em lei, ninguém pode ser punido por fato previsto como crime, senão quando o pratica dolosamente.

Agravação pelo resultado

Art. 19. Pelo resultado que agrava especialmente a pena, só responde o agente que o houver causado ao menos culposamente.

Erro sobre elementos do tipo

Art. 20. O erro sobre elemento constitutivo do tipo legal de crime exclui o dolo, mas permite a punição por crime culposo, se previsto em lei.

Descriminantes putativas

§ 1º. É isento de pena quem, por erro plenamente justificado pelas circunstâncias, supõe situação de fato que, se existisse, tornaria a ação legítima. Não há isenção de pena quando o erro deriva de culpa e o fato é punível como crime culposo.
- V. arts. 23 a 25 do CP.

Erro determinado por terceiro

§ 2º. Responde pelo crime o terceiro que determina o erro.

Erro sobre a pessoa

§ 3º. O erro quanto à pessoa contra a qual o crime é praticado não isenta de pena. Não se consideram, neste caso, as condições ou qualidades da vítima, senão as da pessoa contra quem o agente queria praticar o crime.
- V. arts. 73 e 74 do CP.

Erro sobre a ilicitude do fato

Art. 21. O desconhecimento da lei é inescusável. O erro sobre a ilicitude do fato, se inevitável, isenta de pena; se evitável, poderá diminuí-la de 1/6 (um sexto) a 1/3 (um terço).
- V. art. 65, II, do CP.

Parágrafo único. Considera-se evitável o erro se o agente atua ou se omite sem a consciência da ilicitude do fato, quando lhe era possível, nas circunstâncias, ter ou atingir essa consciência.

Coação irresistível e obediência hierárquica

Art. 22. Se o fato é cometido sob coação irresistível ou em estrita obediência a ordem, não manifestamente ilegal, de superior hierárquico, só é punível o autor da coação ou da ordem.
• V. arts. 62, III; 65, III, "c"; e 146 do CP.

Exclusão de ilicitude

Art. 23. Não há crime quando o agente pratica o fato:

I – em estado de necessidade;

II – em legítima defesa;
• Vide ADPF 779.

III – em estrito cumprimento de dever legal ou no exercício regular de direito.

Excesso punível

Parágrafo único. O agente, em qualquer das hipóteses deste artigo, responderá pelo excesso doloso ou culposo.

Estado de necessidade

Art. 24. Considera-se em estado de necessidade quem pratica o fato para salvar de perigo atual, que não provocou por sua vontade, nem podia de outro modo evitar, direito próprio ou alheio, cujo sacrifício, nas circunstâncias, não era razoável exigir-se.

§ 1º. Não pode alegar estado de necessidade quem tinha o dever legal de enfrentar o perigo.
• V. art. 13, § 2º, do CP.

§ 2º. Embora seja razoável exigir-se o sacrifício do direito ameaçado, a pena poderá ser reduzida de 1 (um) a 2/3 (dois terços).

Legítima defesa

Art. 25. Entende-se em legítima defesa quem, usando moderadamente dos meios necessários, repele injusta agressão, atual ou iminente, a direito seu ou de outrem.
• Vide ADPF 779.

Parágrafo único. Observados os requisitos previstos no *caput* deste artigo, considera-se também em legítima defesa o agente de segurança pública que repele agressão ou risco de agressão a vítima mantida refém durante a prática de crimes.
• Parágrafo único acrescido pela Lei nº 13.964/2019.
• Vide ADPF 779.

TÍTULO III
DA IMPUTABILIDADE PENAL

Inimputáveis

Art. 26. É isento de pena o agente que, por doença mental ou desenvolvimento mental incompleto ou retardado, era, ao tempo da

ação ou da omissão, inteiramente incapaz de entender o caráter ilícito do fato ou de determinar-se de acordo com esse entendimento.
- V. arts. 96 a 99 do CP.

Redução de pena

Parágrafo único. A pena pode ser reduzida de 1 (um) a 2/3 (dois terços), se o agente, em virtude de perturbação de saúde mental ou por desenvolvimento mental incompleto ou retardado não era inteiramente capaz de entender o caráter ilícito do fato ou de determinar-se de acordo com esse entendimento.
- Vide Tema 158 do STF.

Menores de dezoito anos

Art. 27. Os menores de 18 (dezoito) anos são penalmente inimputáveis, ficando sujeitos às normas estabelecidas na legislação especial.
- Vide Súmula 605 do STJ.

Emoção e paixão

Art. 28. Não excluem a imputabilidade penal:

I – a emoção ou a paixão;
- V. arts. 65, III, "c"; e 121, § 1º, do CP.

Embriaguez

II – a embriaguez, voluntária ou culposa, pelo álcool ou substância de efeitos análogos.
- V. art. 62, II, do CP.

§ 1º. É isento de pena o agente que, por embriaguez completa, proveniente de caso fortuito ou força maior, era, ao tempo da ação ou da omissão, inteiramente incapaz de entender o caráter ilícito do fato ou de determinar-se de acordo com esse entendimento.

§ 2º. A pena pode ser reduzida de 1 (um) a 2/3 (dois terços), se o agente, por embriaguez, proveniente de caso fortuito ou força maior, não possuía, ao tempo da ação ou da omissão, a plena capacidade de entender o caráter ilícito do fato ou de determinar-se de acordo com esse entendimento.

TÍTULO IV
DO CONCURSO DE PESSOAS

Regras comuns às penas privativas de liberdade

Art. 29. Quem, de qualquer modo, concorre para o crime incide nas penas a este cominadas, na medida de sua culpabilidade.
- V. arts. 106, I; e 117, § 1º, do CP.

§ 1º. Se a participação for de menor importância, a pena pode ser diminuída de 1/6 (um sexto) a 1/3 (um terço).

§ 2º. Se algum dos concorrentes quis participar de crime menos grave, ser-lhe-á aplicada a pena deste; essa pena será aumentada até metade, na hipótese de ter sido previsível o resultado mais grave.

Circunstâncias incomunicáveis

Art. 30. Não se comunicam as circunstâncias e as condições de caráter pessoal, salvo quando elementares do crime.
• V. art. 20, § 3º, do CP.

Casos de impunibilidade

Art. 31. O ajuste, a determinação ou instigação e o auxílio, salvo disposição expressa em contrário, não são puníveis, se o crime não chega, pelo menos, a ser tentado.
• V. art. 122 do CP.

TÍTULO V
DAS PENAS

CAPÍTULO I
DAS ESPÉCIES DE PENA

Art. 32. As penas são:

I – privativas de liberdade;

II – restritivas de direitos;

III – de multa.

Seção I
DAS PENAS PRIVATIVAS DE LIBERDADE

Reclusão e detenção

Art. 33. A pena de reclusão deve ser cumprida em regime fechado, semiaberto ou aberto. A de detenção, em regime semiaberto, ou aberto, salvo necessidade de transferência a regime fechado.

§ 1º. Considera-se:

a) regime fechado a execução da pena em estabelecimento de segurança máxima ou média;

b) regime semiaberto a execução da pena em colônia agrícola, industrial ou estabelecimento similar;

c) regime aberto a execução da pena em casa de albergado ou estabelecimento adequado.

§ 2º. As penas privativas de liberdade deverão ser executadas em forma progressiva, segundo o mérito do condenado, observados os seguintes critérios e ressalvadas as hipóteses de transferência a regime mais rigoroso:
• Vide Súmulas 715 a 719 do STF.
• Vide Súmulas 269 e 440 do STJ.

a) o condenado a pena superior a 8 (oito) anos deverá começar a cumpri-la em regime fechado;

b) o condenado não reincidente, cuja pena seja superior a 4 (quatro) anos e não exceda a 8 (oito), poderá, desde o princípio, cumpri-la em regime semiaberto;

c) o condenado não reincidente, cuja pena seja igual ou inferior a 4 (quatro) anos, poderá, desde o início, cumpri-la em regime aberto.
• V. art. 77, § 2º, do CP.

§ 3º. A determinação do regime inicial de cumprimento da pena far-se-á com observância dos critérios previstos no art. 59 deste Código.
- V. art. 59, III, do CP.
- Vide Súmula Vinculante 26 do STF.

§ 4º. O condenado por crime contra a administração pública terá a progressão de regime do cumprimento da pena condicionada à reparação do dano que causou, ou à devolução do produto do ilícito praticado, com os acréscimos legais.
- § 4º acrescido pela Lei nº 10.763/2003.
- V. arts. 312 a 327 do CP.

Regras do regime fechado

Art. 34. O condenado será submetido, no início do cumprimento da pena, a exame criminológico de classificação para individualização da execução.
- Vide Súmulas 40 e 439 do STJ.

§ 1º. O condenado fica sujeito a trabalho no período diurno e a isolamento durante o repouso noturno.

§ 2º. O trabalho será em comum dentro do estabelecimento, na conformidade das aptidões ou ocupações anteriores do condenado, desde que compatíveis com a execução da pena.

§ 3º. O trabalho externo é admissível, no regime fechado, em serviços ou obras públicas.

Regras do regime semiaberto

Art. 35. Aplica-se a norma do art. 34 deste Código, *caput*, ao condenado que inicie o cumprimento da pena em regime semiaberto.

§ 1º. O condenado fica sujeito a trabalho em comum durante o período diurno, em colônia agrícola, industrial ou estabelecimento similar.

§ 2º. O trabalho externo é admissível, bem como a frequência a cursos supletivos profissionalizantes, de instrução de segundo grau ou superior.
- Vide Súmula 341 do STJ.

Regras do regime aberto

Art. 36. O regime aberto baseia-se na autodisciplina e senso de responsabilidade do condenado.

§ 1º. O condenado deverá, fora do estabelecimento e sem vigilância, trabalhar, frequentar curso ou exercer outra atividade autorizada, permanecendo recolhido durante o período noturno e nos dias de folga.

§ 2º. O condenado será transferido do regime aberto, se praticar fato definido como crime doloso, se frustrar os fins da execução ou se, podendo, não pagar a multa cumulativamente aplicada.
- V. art. 51 do CP.

Regime especial

Art. 37. As mulheres cumprem pena em estabelecimento próprio, observando-se os deveres e direitos inerentes à sua condição pessoal, bem como, no que couber, o disposto neste Capítulo.

Direitos do preso

Art. 38. O preso conserva todos os direitos não atingidos pela perda da liberdade, impondo-se a todas as autoridades o respeito à sua integridade física e moral.

Trabalho do preso

Art. 39. O trabalho do preso será sempre remunerado, sendo-lhe garantidos os benefícios da Previdência Social.
- Vide Súmula Vinculante 9 do STF.
- Vide Súmula 341 do STJ.

Legislação especial

Art. 40. A legislação especial regulará a matéria prevista nos arts. 38 e 39 deste Código, bem como especificará os deveres e direitos do preso, os critérios para revogação e transferência dos regimes e estabelecerá as infrações disciplinares e correspondentes sanções.

Superveniência de doença mental

Art. 41. O condenado a quem sobrevém doença mental deve ser recolhido a hospital de custódia e tratamento psiquiátrico ou, à falta, a outro estabelecimento adequado.
- V. art. 26 do CP.

Detração

Art. 42. Computam-se, na pena privativa de liberdade e na medida de segurança, o tempo de prisão provisória, no Brasil ou no estrangeiro, o de prisão administrativa e o de internação em qualquer dos estabelecimentos referidos no artigo anterior.
- V. art. 8º do CP.

Seção II
DAS PENAS RESTRITIVAS DE DIREITOS

Penas restritivas de direitos

Art. 43. As penas restritivas de direitos são:
- Art. 43, *caput*, com redação dada pela Lei nº 9.714/1998.

I – prestação pecuniária;
- Inciso I com redação dada pela Lei nº 9.714/1998.
- V. art. 45, §§ 1º e 2º, do CP.

II – perda de bens e valores;
- Inciso II com redação dada pela Lei nº 9.714/1998.
- V. art. 45, § 3º, do CP.

III – (vetado);
- Inciso III acrescido pela Lei nº 9.714/1998.

IV – prestação de serviço à comunidade ou a entidades públicas;
- Inciso IV acrescido pela Lei nº 9.714/1998.
- V. arts. 46 e 55 do CP.

V – interdição temporária de direitos;
- Inciso V acrescido pela Lei nº 9.714/1998.
- V. arts. 47 e 55 do CP.

VI – limitação de fim de semana.
- Inciso VI acrescido pela Lei nº 9.714/1998.
- V. arts. 48 e 55 do CP.

Art. 44. As penas restritivas de direitos são autônomas e substituem as privativas de liberdade, quando:
- Art. 44, *caput*, com redação dada pela Lei nº 9.714/1998.
- V. arts. 69, § 1º; e 77, III, do CP.
- Vide Súmula 493 do STJ.

I – aplicada pena privativa de liberdade não superior a 4 (quatro) anos e o crime não for cometido com violência ou grave ameaça à pessoa ou, qualquer que seja a pena aplicada, se o crime for culposo;
- Inciso I com redação dada pela Lei nº 9.714/1998.
- V. arts. 45; 55; e 69, § 2º, do CP.

II – o réu não for reincidente em crime doloso;
- Inciso II com redação dada pela Lei nº 9.714/1998.

III – a culpabilidade, os antecedentes, a conduta social e a personalidade do condenado, bem como os motivos e as circunstâncias indicarem que essa substituição seja suficiente.
- Inciso III com redação dada pela Lei nº 9.714/1998.
- V. art. 59 do CP.

§ 1º. (Vetado).
- § 1º acrescido pela Lei nº 9.714/1998.

§ 2º. Na condenação igual ou inferior a 1 (um) ano, a substituição pode ser feita por multa ou por uma pena restritiva de direitos; se superior a 1 (um) ano, a pena privativa de liberdade pode ser substituída por uma pena restritiva de direitos e multa ou por duas restritivas de direitos.
- § 2º acrescido pela Lei nº 9.714/1998.
- V. arts. 58, parágrafo único; 59, IV; 60, § 2º; 69, § 1º; e 77, III, do CP.
- Vide Súmula 171 do STJ.

§ 3º. Se o condenado for reincidente, o juiz poderá aplicar a substituição, desde que, em face de condenação anterior, a medida seja socialmente recomendável e a reincidência não se tenha operado em virtude da prática do mesmo crime.
- § 3º acrescido pela Lei nº 9.714/1998.
- V. art. 59 do CP.

§ 4º. A pena restritiva de direitos converte-se em privativa de liberdade quando ocorrer o descumprimento injustificado da restrição imposta. No cálculo da pena privativa de liberdade a executar será deduzido o tempo cumprido da pena restritiva de direitos, respeitado o saldo mínimo de 30 (trinta) dias de detenção ou reclusão.
- § 4º acrescido pela Lei nº 9.714/1998.
- V. art. 11 do CP.

§ 5º. Sobrevindo condenação a pena privativa de liberdade, por outro crime, o juiz da execução

penal decidirá sobre a conversão, podendo deixar de aplicá-la se for possível ao condenado cumprir a pena substitutiva anterior.
* § 5º acrescido pela Lei nº 9.714/1998.

Conversão das penas restritivas de direitos
* V. art. 44, §§ 4º e 5º, do CP.

Art. 45. Na aplicação da substituição prevista no artigo anterior, proceder-se-á na forma deste e dos arts. 46, 47 e 48.
* Art. 45, *caput*, com redação dada pela Lei nº 9.714/1998.

§ 1º. A prestação pecuniária consiste no pagamento em dinheiro à vítima, a seus dependentes ou a entidade pública ou privada com destinação social, de importância fixada pelo juiz, não inferior a 1 (um) salário mínimo nem superior a 360 (trezentos e sessenta) salários mínimos. O valor pago será deduzido do montante de eventual condenação em ação de reparação civil, se coincidentes os beneficiários.
* § 1º acrescido pela Lei nº 9.714/1998.
* V. art. 91, I, do CP.

§ 2º. No caso do parágrafo anterior, se houver aceitação do beneficiário, a prestação pecuniária pode consistir em prestação de outra natureza.
* § 2º acrescido pela Lei nº 9.714/1998.

§ 3º. A perda de bens e valores pertencentes aos condenados dar-se-á, ressalvada a legislação especial, em favor do Fundo Penitenciário Nacional, e seu valor terá como teto – o que for maior – o montante do prejuízo causado ou do provento obtido pelo agente ou por terceiro, em consequência da prática do crime.
* 3º acrescido pela Lei nº 9.714/1998.

§ 4º. (Vetado).
* § 4º acrescido pela Lei nº 9.714/1998.

Prestação de serviços à comunidade ou a entidades públicas

Art. 46. A prestação de serviços à comunidade ou a entidades públicas é aplicável às condenações superiores a 6 (seis) meses de privação da liberdade.
* Art. 46, *caput*, com redação dada pela Lei nº 9.714/1998.
* V. art. 78, § 1º, do CP.

§ 1º. A prestação de serviços à comunidade ou a entidades públicas consiste na atribuição de tarefas gratuitas ao condenado.
* § 1º acrescido pela Lei nº 9.714/1998.

§ 2º. A prestação de serviço à comunidade dar-se-á em entidades assistenciais, hospitais, escolas, orfanatos e outros estabelecimentos congêneres, em programas comunitários ou estatais.
* § 2º acrescido pela Lei nº 9.714/1998.

§ 3º. As tarefas a que se refere o § 1º serão atribuídas conforme as aptidões do condenado, devendo ser cumpridas à razão de

1 (uma) hora de tarefa por dia de condenação, fixadas de modo a não prejudicar a jornada normal de trabalho.
• § 3º acrescido pela Lei nº 9.714/1998.

§ 4º. Se a pena substituída for superior a 1 (um) ano, é facultado ao condenado cumprir a pena substitutiva em menor tempo (art. 55), nunca inferior à metade da pena privativa de liberdade fixada.
• § 4º acrescido pela Lei nº 9.714/1998.

Interdição temporária de direitos

Art. 47. As penas de interdição temporária de direitos são:

I – proibição do exercício de cargo, função ou atividade pública, bem como de mandato eletivo;
• V. art. 56 do CP.

II – proibição do exercício de profissão, atividade ou ofício que dependam de habilitação especial, de licença ou autorização do poder público;
• V. arts. 56; e 92, I, do CP.

III – suspensão de autorização ou de habilitação para dirigir veículo;
• V. art. 57 do CP.

IV – proibição de frequentar determinados lugares;
• Inciso IV acrescido pela Lei nº 9.714/1998.

V – proibição de inscrever-se em concurso, avaliação ou exame públicos.
• Inciso V acrescido pela Lei nº 12.550/2011.

Limitação de fim de semana

Art. 48. A limitação de fim de semana consiste na obrigação de permanecer, aos sábados e domingos, por 5 (cinco) horas diárias, em casa de albergado ou outro estabelecimento adequado.
• V. art. 78, § 1º, do CP.

Parágrafo único. Durante a permanência poderão ser ministrados ao condenado cursos e palestras ou atribuídas atividades educativas.

Seção III
DA PENA DE MULTA

Multa

Art. 49. A pena de multa consiste no pagamento ao fundo penitenciário da quantia fixada na sentença e calculada em dias-multa. Será, no mínimo, de 10 (dez) e, no máximo, de 360 (trezentos e sessenta) dias-multa.

§ 1º. O valor do dia-multa será fixado pelo juiz não podendo ser inferior a 1/30 (um trigésimo) do maior salário mínimo mensal vigente ao tempo do fato, nem superior a 5 (cinco) vezes esse salário.

§ 2º. O valor da multa será atualizado, quando da execução, pelos índices de correção monetária.

Pagamento da multa

Art. 50. A multa deve ser paga dentro de 10 (dez) dias depois de transitada em julgado a sentença. A requerimento do condenado e conforme as circunstâncias, o juiz pode permitir que o pagamento se realize em parcelas mensais.

§ 1º. A cobrança da multa pode efetuar-se mediante desconto no vencimento ou salário do condenado quando:

a) aplicada isoladamente;

b) aplicada cumulativamente com pena restritiva de direitos;

c) concedida a suspensão condicional da pena.

§ 2º. O desconto não deve incidir sobre os recursos indispensáveis ao sustento do condenado e de sua família.

Conversão da multa e revogação

Art. 51. Transitada em julgado a sentença condenatória, a multa será executada perante o juiz da execução penal e será considerada dívida de valor, aplicáveis as normas relativas à dívida ativa da Fazenda Pública, inclusive no que concerne às causas interruptivas e suspensivas da prescrição.
- Art. 51 com redação dada pela Lei nº 13.964/2019.
- Vide Súmula 693 do STF.
- Vide Súmula Vinculante 25 do STF.

§ 1º. (Revogado).
- 1º revogado pela Lei nº 9.268/1996.

§ 2º. (Revogado).
- 2º revogado pela Lei nº 9.268/1996.

Suspensão da execução da multa

Art. 52. É suspensa a execução da pena de multa, se sobrevém ao condenado doença mental.
- V. art. 26 do CP.

CAPÍTULO II
DA COMINAÇÃO DAS PENAS

Penas privativas de liberdade

Art. 53. As penas privativas de liberdade têm seus limites estabelecidos na sanção correspondente a cada tipo legal de crime.
- V. arts. 32, I; e 75 do CP.

Penas restritivas de direitos

Art. 54. As penas restritivas de direitos são aplicáveis, independentemente de cominação na parte especial, em substituição à pena privativa de liberdade, fixada em quantidade inferior a 1 (um) ano, ou nos crimes culposos.
- V. arts. 44; e 59, IV, do CP.

Art. 55. As penas restritivas de direitos referidas nos incisos III♦, IV, V e VI do art. 43 terão a mesma duração da pena privativa de liberdade substituída, ressalvado o disposto no § 4º do art. 46.
- Art. 55 com redação dada pela Lei nº 9.714/1998.
- ♦ O inciso III foi acrescido pela Lei nº 9.714/1998, porém teve seu texto vetado pelo Executivo.

Art. 56. As penas de interdição, previstas nos incisos I e II do art. 47 deste Código, aplicam-se para todo o crime cometido no exercício de profissão, atividade, ofício, cargo ou função, sempre que houver violação dos deveres que lhes são inerentes.

Art. 57. A pena de interdição, prevista no inciso III do art. 47 deste Código, aplica-se aos crimes culposos de trânsito.

Pena de multa

Art. 58. A multa, prevista em cada tipo legal de crime, tem os limites fixados no art. 49 e seus parágrafos deste Código.

Parágrafo único. A multa prevista no parágrafo único◆ do art. 44 e no § 2º do art. 60 deste Código aplica-se independentemente de cominação na parte especial.

◆ Atual § 2º, ante a alteração promovida pela Lei nº 9.714/1998.

CAPÍTULO III
DA APLICAÇÃO DA PENA

Fixação da pena

Art. 59. O juiz, atendendo à culpabilidade, aos antecedentes, à conduta social, à personalidade do agente, aos motivos, às circunstâncias e consequências do crime, bem como ao comportamento da vítima, estabelecerá, conforme seja necessário e suficiente para reprovação e prevenção do crime:

- V. art. 44, § 3º, do CP.
- Vide ADPF 1107.
- Vide Súmula Vinculante 26 do STF.
- Vide Tema 129 do STF.
- Vide Súmulas 231, 269, 440, 444 e 636 do STJ.

I – as penas aplicáveis dentre as cominadas;

II – a quantidade de pena aplicável, dentro dos limites previstos;
- V. art. 68 do CP.

III – o regime inicial de cumprimento da pena privativa de liberdade;
- V. art. 33, § 3º, do CP.

IV – a substituição da pena privativa da liberdade aplicada, por outra espécie de pena, se cabível.
- V. arts. 33, § 3º; 44, § 3º; 68; e 78, § 2º, do CP.

Critérios especiais da pena de multa

Art. 60. Na fixação da pena de multa o juiz deve atender, principalmente, à situação econômica do réu.
- V. arts. 49 a 52; e 78, § 1º, do CP.

§ 1º. A multa pode ser aumentada até o triplo, se o juiz considerar que, em virtude da situação econômica do réu, é ineficaz, embora aplicada no máximo.

Multa substitutiva

§ 2º. A pena privativa de liberdade aplicada, não superior a 6 (seis) meses, pode ser substituída pela de multa, observados os

critérios dos incisos II e III do art. 44 deste Código.
- V. arts. 44, § 2º; e 58, parágrafo único, do CP.

Circunstâncias agravantes

Art. 61. São circunstâncias que sempre agravam a pena, quando não constituem ou qualificam o crime:
- V. arts. 63 e 64 do CP.
- Vide Súmulas 241 e 444 do STJ.

I – a reincidência;

II – ter o agente cometido o crime:

a) por motivo fútil ou torpe;

b) para facilitar ou assegurar a execução, a ocultação, a impunidade ou vantagem de outro crime;

c) à traição, de emboscada, ou mediante dissimulação, ou outro recurso que dificultou ou tornou impossível a defesa do ofendido;

d) com emprego de veneno, fogo, explosivo, tortura ou outro meio insidioso ou cruel, ou de que podia resultar perigo comum;

e) contra ascendente, descendente, irmão ou cônjuge;

f) com abuso de autoridade ou prevalecendo-se de relações domésticas, de coabitação ou de hospitalidade, ou com violência contra a mulher na forma da lei específica;
- Alínea "f" com redação dada pela Lei nº 11.340/2006.
- Vide Súmula 588 e 589 do STJ.

g) com abuso de poder ou violação de dever inerente a cargo, ofício, ministério ou profissão;

h) contra criança, maior de 60 (sessenta) anos, enfermo ou mulher grávida;
- Alínea "h" com redação dada pela Lei nº 10.741/2003.

i) quando o ofendido estava sob a imediata proteção da autoridade;

j) em ocasião de incêndio, naufrágio, inundação ou qualquer calamidade pública, ou de desgraça particular do ofendido;

l) em estado de embriaguez preordenada.
- V. art. 28, II, do CP.

Agravantes no caso de concurso de pessoas

Art. 62. A pena será ainda agravada em relação ao agente que:

I – promove, ou organiza a cooperação no crime ou dirige a atividade dos demais agentes;
- V. art. 29 do CP.

II – coage ou induz outrem à execução material do crime;
- V. art. 22 do CP.

III – instiga ou determina a cometer o crime alguém sujeito à sua autoridade ou não punível em virtude de condição ou qualidade pessoal;

IV – executa o crime, ou nele participa, mediante paga ou promessa de recompensa.

Reincidência

Art. 63. Verifica-se a reincidência quando o agente comete novo crime, depois de transitar em julgado a sentença que, no País ou no estrangeiro, o tenha condenado por crime anterior.
- V. arts. 9º; 33, § 2º, "b" e "c"; 77, I; 95; 110; e 117, VI, do CP.

Art. 64. Para efeito de reincidência:

I – não prevalece a condenação anterior, se entre a data do cumprimento ou extinção da pena e a infração posterior tiver decorrido período de tempo superior a 5 (cinco) anos, computado o período de prova da suspensão ou do livramento condicional, se não ocorrer revogação;

II – não se consideram os crimes militares próprios e políticos.

Circunstâncias atenuantes

Art. 65. São circunstâncias que sempre atenuam a pena:
- Vide Súmula 231 do STJ.

I – ser o agente menor de 21 (vinte e um), na data do fato, ou maior de 70 (setenta) anos, na data da sentença;
- V. arts. 77, § 2º; e 115 do CP.
- Vide Súmula 74 do STJ.

II – o desconhecimento da lei;
- V. art. 21 do CP.

III – ter o agente:

a) cometido o crime por motivo de relevante valor social ou moral;
- V. art. 121, § 1º, do CP.

b) procurado, por sua espontânea vontade e com eficiência, logo após o crime, evitar-lhe ou minorar-lhe as consequências, ou ter, antes do julgamento, reparado o dano;
- V. art. 16 do CP.

c) cometido o crime sob coação a que podia resistir, ou em cumprimento de ordem de autoridade superior, ou sob a influência de violenta emoção, provocada por ato injusto da vítima;
- V. arts. 22; 23, III; e 121, § 1º, do CP.

d) confessado espontaneamente, perante a autoridade, a autoria do crime;
- Vide Súmula 545 do STJ.

e) cometido o crime sob a influência de multidão em tumulto, se não o provocou.
- V. art. 13, § 2º, "c", do CP.

Art. 66. A pena poderá ser ainda atenuada em razão de circunstância relevante, anterior ou posterior ao crime, embora não prevista expressamente em lei.

Concurso de circunstâncias agravantes e atenuantes

Art. 67. No concurso de agravantes e atenuantes, a pena deve aproximar-se do limite indicado pelas circunstâncias preponderantes, entendendo-se como

tais as que resultam dos motivos determinantes do crime, da personalidade do agente e da reincidência.
- V. art. 59 do CP.
- Vide Súmula 241 do STJ.

Cálculo da pena

Art. 68. A pena-base será fixada atendendo-se ao critério do art. 59 deste Código; em seguida serão consideradas as circunstâncias atenuantes e agravantes; por último, as causas de diminuição e de aumento.

Parágrafo único. No concurso de causas de aumento ou de diminuição previstas na parte especial, pode o juiz limitar-se a um só aumento ou a uma só diminuição, prevalecendo, todavia, a causa que mais aumente ou diminua.
- Vide Súmulas 231, 241, 443 e 630 do STJ.

Concurso material

Art. 69. Quando o agente, mediante mais de uma ação ou omissão, pratica 2 (dois) ou mais crimes, idênticos ou não, aplicam-se cumulativamente as penas privativas de liberdade em que haja incorrido. No caso de aplicação cumulativa de penas de reclusão e de detenção, executa-se primeiro aquela.
- V. art. 119 do CP.
- Vide Súmula 243 do STJ.

§ 1º. Na hipótese deste artigo, quando ao agente tiver sido aplicada pena privativa de liberdade, não suspensa, por um dos crimes, para os demais será incabível a substituição de que trata o art. 44 deste Código.

§ 2º. Quando forem aplicadas penas restritivas de direitos, o condenado cumprirá simultaneamente as que forem compatíveis entre si e sucessivamente as demais.
- V. art. 76 do CP.

Concurso formal

Art. 70. Quando o agente, mediante uma só ação ou omissão, pratica 2 (dois) ou mais crimes, idênticos ou não, aplica-se-lhe a mais grave das penas cabíveis ou, se iguais, somente uma delas, mas aumentada, em qualquer caso, de 1/6 (um sexto) até metade. As penas aplicam-se, entretanto, cumulativamente, se a ação ou omissão é dolosa e os crimes concorrentes resultam de desígnios autônomos, consoante o disposto no artigo anterior.
- V. arts. 73 e 74 do CP.
- Vide Súmulas 17 e 243 do STJ.

Parágrafo único. Não poderá a pena exceder a que seria cabível pela regra do art. 69 deste Código.

Crime continuado

Art. 71. Quando o agente, mediante mais de uma ação ou omissão, pratica 2 (dois) ou mais crimes da mesma espécie e, pelas condições de tempo, lugar, maneira de execução e outras semelhantes, devem os subsequentes ser havidos como continuação do primeiro, aplica-se-lhe a pena de um só dos crimes, se idênticas, ou a mais grave, se diversas, aumentada, em qualquer caso, de 1/6 (um sexto) a 2/3 (dois terços).

- Vide Súmulas 497, 711 e 723 do STF.
- Vide Súmulas 243 e 659 do STJ.

Parágrafo único. Nos crimes dolosos, contra vítimas diferentes, cometidos com violência ou grave ameaça à pessoa, poderá o juiz, considerando a culpabilidade, os antecedentes, a conduta social e a personalidade do agente, bem como os motivos e as circunstâncias, aumentar a pena de um só dos crimes, se idênticas, ou a mais grave, se diversas, até o triplo, observadas as regras do parágrafo único do art. 70 e do art. 75 deste Código.

- V. art. 59 do CP.

Multas no concurso de crimes

Art. 72. No concurso de crimes, as penas de multa são aplicadas distinta e integralmente.

- V. arts. 49 a 52 e 60 do CP.

Erro na execução

Art. 73. Quando, por acidente ou erro no uso dos meios de execução, o agente, ao invés de atingir a pessoa que pretendia ofender, atinge pessoa diversa, responde como se tivesse praticado o crime contra aquela, atendendo-se ao disposto no § 3º do art. 20 deste Código. No caso de ser também atingida a pessoa que o agente pretendia ofender, aplica-se a regra do art. 70 deste Código.

Resultado diverso do pretendido

Art. 74. Fora dos casos do artigo anterior, quando, por acidente ou erro na execução do crime, sobrevém resultado diverso do pretendido, o agente responde por culpa, se o fato é previsto como crime culposo; se ocorre também o resultado pretendido, aplica-se a regra do art. 70 deste Código.

Limite das penas

Art. 75. O tempo de cumprimento das penas privativas de liberdade não pode ser superior a 40 (quarenta) anos.

- Art. 75, *caput*, com redação dada pela Lei nº 13.964/2019.
- Vide Súmula 527 do STJ.

§ 1º. Quando o agente for condenado a penas privativas de liberdade cuja soma seja superior a 40 (quarenta) anos, devem elas ser unificadas para atender ao limite máximo deste artigo.

- § 1º com redação dada pela Lei nº 13.964/2019.
- Vide Súmula 715 do STF.

§ 2º. Sobrevindo condenação por fato posterior ao início do cumprimento da pena, far-se-á nova unificação, desprezando-se, para esse fim, o período de pena já cumprido.

Concurso de infrações

Art. 76. No concurso de infrações, executar-se-á primeiramente a pena mais grave.

CAPÍTULO IV
DA SUSPENSÃO CONDICIONAL DA PENA

Requisitos da suspensão da pena

Art. 77. A execução da pena privativa de liberdade, não superior a 2 (dois) anos, poderá ser suspensa, por 2 (dois) a 4 (quatro) anos, desde que:

I – o condenado não seja reincidente em crime doloso;

II – a culpabilidade, os antecedentes, a conduta social e personalidade do agente, bem como os motivos e as circunstâncias autorizem a concessão do benefício;

III – Não seja indicada ou cabível a substituição prevista no art. 44 deste Código.

§ 1º. A condenação anterior a pena de multa não impede a concessão do benefício.

§ 2º. A execução da pena privativa de liberdade, não superior a 4 (quatro) anos, poderá ser suspensa, por 4 (quatro) a 6 (seis) anos, desde que o condenado seja maior de 70 (setenta) anos de idade, ou razões de saúde justifiquem a suspensão.

- § 2º com redação dada pela Lei nº 9.714/1998.
- V. arts. 33, § 2º, "c"; e 65, I, do CP.

Art. 78. Durante o prazo da suspensão, o condenado ficará sujeito à observação e ao cumprimento das condições estabelecidas pelo juiz.

§ 1º. No primeiro ano do prazo, deverá o condenado prestar serviços à comunidade (art. 46) ou submeter-se à limitação de fim de semana (art. 48).

- V. art. 81, III, do CP.

§ 2º. Se o condenado houver reparado o dano, salvo impossibilidade de fazê-lo, e se as circunstâncias do art. 59 deste Código lhe forem inteiramente favoráveis, o juiz poderá substituir a exigência do parágrafo anterior pelas seguintes condições, aplicadas cumulativamente:

- § 2º, *caput*, com redação dada pela Lei nº 9.268/1996.

a) proibição de frequentar determinados lugares;

b) proibição de ausentar-se da comarca onde reside, sem autorização do juiz;

c) comparecimento pessoal e obrigatório a juízo, mensalmente, para informar e justificar suas atividades.

Art. 79. A sentença poderá especificar outras condições a que fica subordinada a suspensão, desde que adequadas ao fato e à situação pessoal do condenado.

Art. 80. A suspensão não se estende às penas restritivas de direitos nem à multa.

Revogação obrigatória

Art. 81. A suspensão será revogada se, no curso do prazo, o beneficiário:

I – é condenado, em sentença irrecorrível, por crime doloso;

II – frustra, embora solvente, a execução de pena de multa ou não efetua, sem motivo justificado, a reparação do dano;

III – descumpre a condição do § 1º do art. 78 deste Código.

Revogação facultativa

§ 1º. A suspensão poderá ser revogada se o condenado descumpre qualquer outra condição imposta ou é irrecorrivelmente condenado, por crime culposo ou por contravenção, a pena privativa de liberdade ou restritiva de direitos.

Prorrogação do período de prova

§ 2º. Se o beneficiário está sendo processado por outro crime ou contravenção, considera-se prorrogado o prazo da suspensão até o julgamento definitivo.

§ 3º. Quando facultativa a revogação, o juiz pode, ao invés de decretá-la, prorrogar o período de prova até o máximo, se este não foi o fixado.

Cumprimento das condições

Art. 82. Expirado o prazo sem que tenha havido revogação, considera-se extinta a pena privativa de liberdade.
- V. arts. 89 e 90 do CP.

CAPÍTULO V
DO LIVRAMENTO CONDICIONAL

Requisitos do livramento condicional

Art. 83. O juiz poderá conceder livramento condicional ao condenado a pena privativa de liberdade igual ou superior a 2 (dois) anos, desde que:
- Vide Súmula 715 do STF.
- Vide Súmula 441 do STJ.

I – cumprida mais de 1/3 (um terço) da pena se o condenado não for reincidente em crime doloso e tiver bons antecedentes;
- V. arts. 63 e 64 do CP.

II – cumprida mais da metade se o condenado for reincidente em crime doloso;

III – comprovado:

a) bom comportamento durante a execução da pena;

b) não cometimento de falta grave nos últimos 12 (doze) meses;

c) bom desempenho no trabalho que lhe foi atribuído; e

d) aptidão para prover a própria subsistência mediante trabalho honesto;
- Inciso III com redação dada pela Lei nº 13.964/2019.
- V. art. 33, § 2º, do CP.

IV – tenha reparado, salvo efetiva impossibilidade de fazê-lo, o dano causado pela infração;

V – cumpridos mais de 2/3 (dois terços) da pena, nos casos de condenação por crime hediondo, prática de tortura, tráfico ilícito de entorpecentes e drogas afins, tráfico de pessoas e terrorismo, se o apenado não for reincidente específico em crimes dessa natureza.
- Inciso V com redação dada pela Lei nº 13.344/2016.

Parágrafo único. Para o condenado por crime doloso, cometido com violência ou grave ameaça à pessoa, a concessão do livramento ficará também subordinada à constatação de condições pessoais que façam presumir que o liberado não voltará a delinquir.

Soma de penas

Art. 84. As penas que correspondem a infrações diversas devem somar-se para efeito do livramento.
- V. art. 75 do CP.

Especificações das condições

Art. 85. A sentença especificará as condições a que fica subordinado o livramento.

Revogação do livramento

Art. 86. Revoga-se o livramento, se o liberado vem a ser condenado a pena privativa de liberdade, em sentença irrecorrível:

I – por crime cometido durante a vigência do benefício;

II – por crime anterior, observado o disposto no art. 84 deste Código.

Revogação facultativa

Art. 87. O juiz poderá, também, revogar o livramento, se o liberado deixar de cumprir qualquer das obrigações constantes da sentença, ou for irrecorrivelmente condenado, por crime ou contravenção, a pena que não seja privativa de liberdade.

Efeitos da revogação

Art. 88. Revogado o livramento, não poderá ser novamente concedido, e, salvo quando a revogação resulta de condenação por outro crime anterior àquele benefício, não se desconta na pena o tempo em que esteve solto o condenado.

Extinção

Art. 89. O juiz não poderá declarar extinta a pena, enquanto não passar em julgado a sentença em processo a que responde o liberado, por crime cometido na vigência do livramento.

Art. 90. Se até o seu término o livramento não é revogado, considera-se extinta a pena privativa de liberdade.
- V. art. 82 do CP.
- Vide Súmula 617 do STJ.

CAPÍTULO VI
DOS EFEITOS DA CONDENAÇÃO

Efeitos genéricos e específicos

Art. 91. São efeitos da condenação:

I – tornar certa a obrigação de indenizar o dano causado pelo crime;

II – a perda em favor da União, ressalvado o direito do lesado ou de terceiro de boa-fé:

a) dos instrumentos do crime, desde que consistam em coisas cujo fabrico, alienação, uso, porte ou detenção constitua fato ilícito;

b) do produto do crime ou de qualquer bem ou valor que constitua proveito auferido pelo agente com a prática do fato criminoso.
- Vide ADPF 569.
- Vide Tema 647 do STF.

§ 1º. Poderá ser decretada a perda de bens ou valores equivalentes ao produto ou proveito do crime quando estes não forem encontrados ou quando se localizarem no exterior.
- § 1º acrescido pela Lei nº 12.694/2012.

§ 2º. Na hipótese do § 1º, as medidas assecuratórias previstas na legislação processual poderão abranger bens ou valores equivalentes do investigado ou acusado para posterior decretação de perda.
- § 2º acrescido pela Lei nº 12.694/2012.

Art. 91-A. Na hipótese de condenação por infrações às quais a lei comine pena máxima superior a 6 (seis) anos de reclusão, poderá ser decretada a perda, como produto ou proveito do crime, dos bens correspondentes à diferença entre o valor do patrimônio do condenado e aquele que seja compatível com o seu rendimento lícito.

§ 1º. Para efeito da perda prevista no *caput* deste artigo, entende-se por patrimônio do condenado todos os bens:

I – de sua titularidade, ou em relação aos quais ele tenha o domínio e o benefício direto ou indireto, na data da infração penal ou recebidos posteriormente; e

II – transferidos a terceiros a título gratuito ou mediante contraprestação irrisória, a partir do início da atividade criminal.

§ 2º. O condenado poderá demonstrar a inexistência da incompatibilidade ou a procedência lícita do patrimônio.

§ 3º. A perda prevista neste artigo deverá ser requerida expressamente pelo Ministério Público, por ocasião do oferecimento da denúncia, com indicação da diferença apurada.

§ 4º. Na sentença condenatória, o juiz deve declarar o valor da diferença apurada e especificar os bens cuja perda for decretada.

§ 5º. Os instrumentos utilizados para a prática de crimes por organizações criminosas e milícias deverão ser declarados perdidos em favor da União ou do Estado, dependendo da Justiça onde tramita a ação penal, ainda que não ponham em perigo a segurança das pessoas, a moral ou a ordem pública, nem ofereçam sério risco de ser utilizados para o cometimento de novos crimes.
- Art. 91-A acrescido pela Lei nº 13.964/2019.

Art. 92. São também efeitos da condenação:

I – a perda de cargo, função pública ou mandato eletivo:
- Inciso I, *caput*, com redação dada pela Lei nº 9.268/1996.
- V. arts. 47, I; e 93, parágrafo único, do CP.
- Vide Súmula 694 do STF.

a) quando aplicada pena privativa de liberdade por tempo igual ou superior a 1 (um) ano, nos crimes praticados com abuso de poder ou violação de dever para com a Administração Pública;
- Alínea "a" acrescida pela Lei nº 9.268/1996.

b) quando for aplicada pena privativa de liberdade por tempo superior a 4 (quatro) anos nos demais casos.
- Alínea "b" acrescida pela Lei nº 9.268/1996.

II – a incapacidade para o exercício do poder familiar, da tutela ou da curatela nos crimes dolosos sujeitos à pena de reclusão cometidos contra outrem igualmente titular do mesmo poder familiar, contra filho, filha ou outro descendente, tutelado ou curatelado, bem como nos crimes cometidos contra a mulher por razões da condição do sexo feminino, nos termos do § 1º do art. 121-A deste Código;
- Inciso II com redação dada pela Lei nº 14.994/2024.

III – a inabilitação para dirigir veículo, quando utilizado como meio para a prática de crime doloso.
- V. arts. 47, III; e 93, parágrafo único, do CP.

§ 1º. Os efeitos de que trata este artigo não são automáticos, devendo ser motivadamente declarados na sentença pelo juiz, mas independem de pedido expresso da acusação, observado o disposto no inciso III do § 2º deste artigo.
- § 1º com redação dada pela Lei nº 14.994/2024.

§ 2º. Ao condenado por crime praticado contra a mulher por razões da condição do sexo feminino, nos termos do § 1º do art. 121-A deste Código serão:

I – aplicados os efeitos previstos nos incisos I e II do *caput* deste artigo;

II – vedadas a sua nomeação, designação ou diplomação em qualquer cargo, função pública ou mandato eletivo entre o trânsito em julgado da condenação até o efetivo cumprimento da pena;

III – automáticos os efeitos dos incisos I e II do *caput* e do inciso II do § 2º deste artigo.
• § 2º acrescido pela Lei nº 14.994/2024.

CAPÍTULO VII
DA REABILITAÇÃO

Reabilitação

Art. 93. A reabilitação alcança quaisquer penas aplicadas em sentença definitiva, assegurando ao condenado o sigilo dos registros sobre o seu processo e condenação.

Parágrafo único. A reabilitação poderá, também, atingir os efeitos da condenação, previstos no art. 92 deste Código, vedada reintegração na situação anterior, nos casos dos incisos I e II do mesmo artigo.

Art. 94. A reabilitação poderá ser requerida, decorridos 2 (dois) anos do dia em que for extinta, de qualquer modo, a pena ou terminar sua execução, computando-se o período de prova da suspensão e o do livramento condicional, se não sobrevier revogação, desde que o condenado:

I – tenha tido domicílio no País no prazo acima referido;

II – tenha dado, durante esse tempo, demonstração efetiva e constante de bom comportamento público e privado;

III – tenha ressarcido o dano causado pelo crime ou demonstre a absoluta impossibilidade de o fazer, até o dia do pedido, ou exiba documento que comprove a renúncia da vítima ou novação da dívida.

Parágrafo único. Negada a reabilitação, poderá ser requerida, a qualquer tempo, desde que o pedido seja instruído com novos elementos comprobatórios dos requisitos necessários.

Art. 95. A reabilitação será revogada, de ofício ou a requerimento do Ministério Público, se o reabilitado for condenado, como reincidente, por decisão definitiva, a pena que não seja de multa.
• V. arts. 63 e 64 do CP.

TÍTULO VI
DAS MEDIDAS DE SEGURANÇA

Espécies de medidas de segurança

Art. 96. As medidas de segurança são:
• V. arts. 26 e 42 do CP.
• Vide Súmula 525 do STF.

I – Internação em hospital de custódia e tratamento psiquiátrico ou, à falta, em outro estabelecimento adequado;

II – sujeição a tratamento ambulatorial.

Parágrafo único. Extinta a punibilidade, não se impõe medida de segurança nem subsiste a que tenha sido imposta.
• V. arts. 107 a 119 do CP.

Imposição da medida de segurança para inimputável

Art. 97. Se o agente for inimputável, o juiz determinará sua internação (art. 26). Se, todavia, o fato previsto como crime for punível com detenção, poderá o juiz submetê-lo a tratamento ambulatorial.
• V. art. 26 do CP.

Prazo

§ 1º. A internação, ou tratamento ambulatorial, será por tempo indeterminado, perdurando enquanto não for averiguada, mediante perícia médica, a cessação de periculosidade. O prazo mínimo deverá ser de 1 (um) a 3 (três) anos.
• Vide Súmula 527 do STJ.

Perícia médica

§ 2º. A perícia médica realizar-se-á ao termo do prazo mínimo fixado e deverá ser repetida de ano em ano, ou a qualquer tempo, se o determinar o juiz da execução.

Desinternação ou liberação condicional

§ 3º. A desinternação, ou a liberação, será sempre condicional devendo ser restabelecida a situação anterior se o agente, antes do decurso de 1 (um) ano, pratica fato indicativo de persistência de sua periculosidade.

§ 4º. Em qualquer fase do tratamento ambulatorial, poderá o juiz determinar a internação do agente, se essa providência for necessária para fins curativos.

Substituição da pena por medida de segurança para o semi-imputável

Art. 98. Na hipótese do parágrafo único do art. 26 deste Código e necessitando o condenado de especial tratamento curativo, a pena privativa de liberdade pode ser substituída pela internação, ou tratamento ambulatorial, pelo prazo mínimo de 1 (um) a 3 (três) anos, nos termos do artigo anterior e respectivos §§ 1º a 4º.

Direitos do internado

Art. 99. O internado será recolhido a estabelecimento dotado de características hospitalares e será submetido a tratamento.

TÍTULO VII
DA AÇÃO PENAL

Ação pública e de iniciativa privada

Art. 100. A ação penal é pública, salvo quando a lei expressamente a declara privativa do ofendido.
• Vide Súmula 714 do STF.

§ 1º. A ação pública é promovida pelo Ministério Público, dependendo, quando a lei o exige, de

representação do ofendido ou de requisição do Ministro da Justiça.
- Vide Súmula 234 do STJ.

§ 2º. A ação de iniciativa privada é promovida mediante queixa do ofendido ou de quem tenha qualidade para representá-lo.

§ 3º. A ação de iniciativa privada pode intentar-se nos crimes de ação pública, se o Ministério Público não oferece denúncia no prazo legal.
- V. art. 103 do CP.

§ 4º. No caso de morte do ofendido ou de ter sido declarado ausente por decisão judicial, o direito de oferecer queixa ou de prosseguir na ação passa ao cônjuge, ascendente, descendente ou irmão.

A ação penal no crime complexo

Art. 101. Quando a lei considera como elemento ou circunstâncias do tipo legal fatos que, por si mesmos, constituem crimes, cabe ação pública em relação àquele, desde que, em relação a qualquer destes, se deva proceder por iniciativa do Ministério Público.

Irretratabilidade da representação

Art. 102. A representação será irretratável depois de oferecida a denúncia.

Decadência do direito de queixa ou de representação

Art. 103. Salvo disposição expressa em contrário, o ofendido decai do direito de queixa ou de representação se não o exerce dentro do prazo de 6 (seis) meses, contado do dia em que veio a saber quem é o autor do crime, ou, no caso do § 3º do art. 100 deste Código, do dia em que se esgota o prazo para oferecimento da denúncia.
- V. arts. 10; e 107, IV, do CP.
- Vide Súmula 594 do STF.

Renúncia expressa ou tácita do direito de queixa

Art. 104. O direito de queixa não pode ser exercido quando renunciado expressa ou tacitamente.

Parágrafo único. Importa renúncia tácita ao direito de queixa a prática de ato incompatível com a vontade de exercê-lo; não a implica, todavia, o fato de receber o ofendido a indenização do dano causado pelo crime.

Perdão do ofendido

Art. 105. O perdão do ofendido, nos crimes em que somente se procede mediante queixa, obsta ao prosseguimento da ação.

Art. 106. O perdão, no processo ou fora dele, expresso ou tácito:

I – se concedido a qualquer dos querelados, a todos aproveita;

II – se concedido por um dos ofendidos, não prejudica o direito dos outros;

III – se o querelado o recusa, não produz efeito.

§ 1º. Perdão tácito é o que resulta da prática de ato incompatível com a vontade de prosseguir na ação.

§ 2º. Não é admissível o perdão depois que passa em julgado a sentença condenatória.

TÍTULO VIII
DA EXTINÇÃO DA PUNIBILIDADE

Extinção da punibilidade

Art. 107. Extingue-se a punibilidade:

I – pela morte do agente;

II – pela anistia, graça ou indulto;

III – pela retroatividade de lei que não mais considera o fato como criminoso;
- V. art. 2º do CP.
- Vide Súmula 501 do STJ.

IV – pela prescrição, decadência ou perempção;

V – pela renúncia do direito de queixa ou pelo perdão aceito, nos crimes de ação privada;
- V. arts. 104 a 106 do CP.

VI – pela retratação do agente, nos casos em que a lei a admite;
- V. arts. 143; 168-A, § 2º; 312, § 3º; 337-A, § 1º; e 342, § 2º, do CP.

VII – (revogado);
- Inciso VII revogado pela Lei nº 11.106/2005.

VIII – (revogado);
- Inciso VIII revogado pela Lei nº 11.106/2005.

IX – pelo perdão judicial, nos casos previstos em lei.
- V. art. 120 do CP.

Art. 108. A extinção da punibilidade de crime que é pressuposto, elemento constitutivo ou circunstância agravante de outro não se estende a este. Nos crimes conexos, a extinção da punibilidade de um deles não impede, quanto aos outros, a agravação da pena resultante da conexão.

Prescrição antes de transitar em julgado a sentença

Art. 109. A prescrição, antes de transitar em julgado a sentença final, salvo o disposto no § 1º do art. 110 deste Código, regula-se pelo máximo da pena privativa de liberdade cominada ao crime, verificando-se:
- Art. 109, *caput*, com redação dada pela Lei nº 12.234/2010.
- Vide Temas 239 e 438 do STF.
- Vide Súmulas 191, 220, 338, 415, 438 e 527 do STJ.

I – em 20 (vinte) anos, se o máximo da pena é superior a 12 (doze);

II – em 16 (dezesseis) anos, se o máximo da pena é superior a 8 (oito) anos e não excede a 12 (doze);

III – em 12 (doze) anos, se o máximo da pena é superior a 4 (quatro) anos e não excede a 8 (oito);

IV – em 8 (oito) anos, se o máximo da pena é superior a 2 (dois) anos e não excede a 4 (quatro);

V – em 4 (quatro) anos, se o máximo da pena é igual a 1 (um) ano ou, sendo superior, não excede a 2 (dois);

VI – em 3 (três) anos, se o máximo da pena é inferior a 1 (um) ano.
- Inciso VI com redação dada pela Lei nº 12.234/2010.

Prescrição das penas restritivas de direito

Parágrafo único. Aplicam-se às penas restritivas de direito os mesmos prazos previstos para as privativas de liberdade.

Prescrição depois de transitar em julgado sentença final condenatória

Art. 110. A prescrição depois de transitar em julgado a sentença condenatória regula-se pela pena aplicada e verifica-se nos prazos fixados no artigo anterior, os quais se aumentam de 1/3 (um terço), se o condenado é reincidente.
- V. arts. 63, 64 e 112 do CP.
- Vide Súmulas 146, 497 e 604 do STF.
- Vide Súmulas 220, 338, 438 e 527 do STJ.

§ 1º. A prescrição, depois da sentença condenatória com trânsito em julgado para a acusação ou depois de improvido seu recurso, regula-se pela pena aplicada, não podendo, em nenhuma hipótese, ter por termo inicial data anterior à da denúncia ou queixa.
- § 1º com redação dada pela Lei nº 12.234/2010.

§ 2º. (Revogado).
- § 2º revogado pela Lei nº 12.234/2010.

Termo inicial da prescrição antes de transitar em julgado a sentença final

Art. 111. A prescrição, antes de transitar em julgado a sentença final, começa a correr:

I – do dia em que o crime se consumou;
- V. arts. 4º; e 14, I, do CP.
- Vide Súmula Vinculante 24 do STF.

II – no caso de tentativa, do dia em que cessou a atividade criminosa;
- V. art. 14, II, do CP.

III – nos crimes permanentes, do dia em que cessou a permanência;
- Vide Súmula 711 do STF.

IV – nos de bigamia e nos de falsificação ou alteração de assentamento do registro civil, da data em que o fato se tornou conhecido;

V – nos crimes contra a dignidade sexual ou que envolvam violência contra a criança e o adolescente, previstos neste Código ou em legislação especial, da data em que a vítima completar 18 (dezoito) anos, salvo se a esse tempo já houver sido proposta a ação penal.
- Inciso V com redação dada pela Lei nº 14.344/2022.

Termo inicial da prescrição após a sentença condenatória irrecorrível

Art. 112. No caso do art. 110 deste Código, a prescrição começa a correr:

I – do dia em que transita em julgado a sentença condenatória, para a acusação, ou a que revoga a suspensão condicional da pena ou o livramento condicional;

II – do dia em que se interrompe a execução, salvo quando o tempo da interrupção deva computar-se na pena.
- V. art. 42 do CP.

Prescrição no caso de evasão do condenado ou de revogação do livramento condicional

Art. 113. No caso de evadir-se o condenado ou de revogar-se o livramento condicional, a prescrição é regulada pelo tempo que resta da pena.

Prescrição da multa

Art. 114. A prescrição da pena de multa ocorrerá:
- Art. 114, *caput*, com redação dada pela Lei nº 9.268/1996.

I – em 2 (dois) anos, quando a multa for a única cominada ou aplicada;
- Inciso I acrescido pela Lei nº 9.268/1996.

II – no mesmo prazo estabelecido para prescrição da pena privativa de liberdade, quando a multa for alternativa ou cumulativamente cominada ou cumulativamente aplicada.
- Inciso II acrescido pela Lei nº 9.268/1996.

Redução dos prazos de prescrição

Art. 115. São reduzidos de metade os prazos de prescrição quando o criminoso era, ao tempo do crime, menor de 21 (vinte e um) anos, ou, na data da sentença, maior de 70 (setenta) anos.
- Vide Súmula 74 do STJ.

Causas impeditivas da prescrição

Art. 116. Antes de passar em julgado a sentença final, a prescrição não corre:
- Vide Súmula 415 do STJ.

I – enquanto não resolvida, em outro processo, questão de que dependa o reconhecimento da existência do crime;

II – enquanto o agente cumpre pena no exterior;
- Inciso II com redação dada pela Lei nº 13.964/2019.

III – na pendência de embargos de declaração ou de recursos aos Tribunais Superiores, quando inadmissíveis; e
- Inciso III acrescido pela Lei nº 13.964/2019.

IV – enquanto não cumprido ou não rescindido o acordo de não persecução penal.
- Inciso IV acrescido pela Lei nº 13.964/2019.

Parágrafo único. Depois de passada em julgado a sentença condenatória, a prescrição não corre durante o tempo em que o condenado está preso por outro motivo.

Causas interruptivas da prescrição

Art. 117. O curso da prescrição interrompe-se:

I – pelo recebimento da denúncia ou da queixa;

II – pela pronúncia;
- Vide Súmula 191 do STJ.

III – pela decisão confirmatória da pronúncia;

IV – pela publicação da sentença ou acórdão condenatórios recorríveis;
- Inciso IV com redação dada pela Lei nº 11.596/2007.

V – pelo início ou continuação do cumprimento da pena;
- Inciso V com redação dada pela Lei nº 9.268/1996.

VI – pela reincidência.
- Inciso VI com redação dada pela Lei nº 9.268/1996.
- V. arts. 63 e 64 do CP.

§ 1º. Excetuados os casos dos incisos V e VI deste artigo, a interrupção da prescrição produz efeitos relativamente a todos os autores do crime. Nos crimes conexos, que sejam objeto do mesmo processo, estende-se aos demais a interrupção relativa a qualquer deles.

§ 2º. Interrompida a prescrição, salvo a hipótese do inciso V deste artigo, todo o prazo começa a correr, novamente, do dia da interrupção.

Art. 118. As penas mais leves prescrevem com as mais graves.

Reabilitação

Art. 119. No caso de concurso de crimes, a extinção da punibilidade incidirá sobre a pena de cada um, isoladamente.
- V. arts. 69 a 71 do CP.
- Vide Súmula 497 do STF.

Perdão judicial

Art. 120. A sentença que conceder perdão judicial não será considerada para efeitos de reincidência.
- V. arts. 107, IX; 121, § 5º; 129, § 8º; 140, § 1º; 176, parágrafo único; 180, § 5º; 242, parágrafo único; e 249, § 2º, do CP.
- Vide Súmula 18 do STJ.

PARTE ESPECIAL

TÍTULO I
DOS CRIMES CONTRA A PESSOA

CAPÍTULO I
DOS CRIMES CONTRA A VIDA
• Vide Súmula 605 do STF.

Homicídio simples

Art. 121. Matar alguém:

Pena – reclusão, de 6 (seis) a 20 (vinte) anos.
• V. art. 122, § 7º, do CP.

Caso de diminuição de pena

§ 1º. Se o agente comete o crime impelido por motivo de relevante valor social ou moral, ou sob o domínio de violenta emoção, logo em seguida a injusta provocação da vítima, o juiz pode reduzir a pena de 1/6 (um sexto) a 1/3 (um terço).

Homicídio qualificado

§ 2º. Se o homicídio é cometido:

I – mediante paga ou promessa de recompensa, ou por outro motivo torpe;

II – por motivo fútil;

III – com emprego de veneno, fogo, explosivo, asfixia, tortura ou outro meio insidioso ou cruel, ou de que possa resultar perigo comum;

IV – à traição, de emboscada, ou mediante dissimulação ou outro recurso que dificulte ou torne impossível a defesa do ofendido;

V – para assegurar a execução, a ocultação, a impunidade ou vantagem de outro crime:

Pena – reclusão, de 12 (doze) a 30 (trinta) anos.

Feminicídio
• Item revogado pela Lei nº 14.994/2024.

VI – (revogado);
• Inciso VI revogado pela Lei nº 14.994/2024.

VII – contra autoridade ou agente descrito nos arts. 142 e 144 da Constituição Federal, integrantes do sistema prisional e da Força Nacional de Segurança Pública, no exercício da função ou em decorrência dela, ou contra seu cônjuge, companheiro ou parente consanguíneo até terceiro grau, em razão dessa condição:
• Inciso VII acrescido pela Lei nº 13.142/2015.

VIII – com emprego de arma de fogo de uso restrito ou proibido:
• Inciso VIII acrescido pela Lei nº 13.964/2019.

Homicídio contra menor de 14 (quatorze) anos
• Item acrescido pela Lei nº 14.344/2022.

IX – contra menor de 14 (quatorze) anos:
• Inciso IX acrescido pela Lei nº 14.344/2022.

Pena – reclusão, de 12 (doze) a 30 (trinta) anos.
• Pena acrescida pela Lei nº 13.142/2015.

§ 2º-A. (Revogado).
- § 2º-A revogado pela Lei nº 14.994/2024.

§ 2º-B. A pena do homicídio contra menor de 14 (quatorze) anos é aumentada de:
- § 2º-B, *caput*, acrescido pela Lei nº 14.344/2022.

I – 1/3 (um terço) até a metade se a vítima é pessoa com deficiência ou com doença que implique o aumento de sua vulnerabilidade;
- Inciso I acrescido pela Lei nº 14.344/2022.

II – 2/3 (dois terços) se o autor é ascendente, padrasto ou madrasta, tio, irmão, cônjuge, companheiro, tutor, curador, preceptor ou empregador da vítima ou por qualquer outro título tiver autoridade sobre ela;
- Inciso II acrescido pela Lei nº 14.344/2022.

III – 2/3 (dois terços) se o crime for praticado em instituição de educação básica pública ou privada.
- Inciso III acrescido pela Lei nº 14.811/2024.

Homicídio culposo

§ 3º. Se o homicídio é culposo:

Pena – detenção, de 1 (um) a 3 (três) anos.
- V. art. 18, II, do CP.

Aumento de pena

§ 4º. No homicídio culposo, a pena é aumentada de 1/3 (um terço), se o crime resulta de inobservância de regra técnica de profissão, arte ou ofício, ou se o agente deixa de prestar imediato socorro à vítima, não procura diminuir as consequências do seu ato, ou foge para evitar prisão em flagrante. Sendo doloso o homicídio, a pena é aumentada de 1/3 (um terço) se o crime é praticado contra pessoa menor de 14 (quatorze) ou maior de 60 (sessenta) anos.
- § 4º com redação dada pela Lei nº 10.741/2003.
- V. art. 129, § 7º, do CP.

§ 5º. Na hipótese de homicídio culposo, o juiz poderá deixar de aplicar a pena, se as consequências da infração atingirem o próprio agente de forma tão grave que a sanção penal se torne desnecessária.
- § 5º acrescido pela Lei nº 6.416/1977.

§ 6º. A pena é aumentada de 1/3 (um terço) até a metade se o crime for praticado por milícia privada, sob o pretexto de prestação de serviço de segurança, ou por grupo de extermínio.
- § 6º acrescido pela Lei nº 12.720/2012.
- V. art. 129, § 7º, do CP.

§ 7º. (Revogado).
- § 7º revogado pela Lei nº 14.994/2024.

Feminicídio
- Item acrescido pela Lei nº 14.994/2024.

Art. 121-A. Matar mulher por razões da condição do sexo feminino:

Pena – reclusão, de 20 (vinte) a 40 (quarenta) anos.

§ 1º. Considera-se que há razões da condição do sexo feminino quando o crime envolve:

I – violência doméstica e familiar;

II – menosprezo ou discriminação à condição de mulher.

§ 2º. A pena do feminicídio é aumentada de 1/3 (um terço) até a metade se o crime é praticado:

I – durante a gestação, nos 3 (três) meses posteriores ao parto ou se a vítima é a mãe ou a responsável por criança, adolescente ou pessoa com deficiência de qualquer idade;

II – contra pessoa menor de 14 (catorze) anos, maior de 60 (sessenta) anos, com deficiência ou portadora de doenças degenerativas que acarretem condição limitante ou de vulnerabilidade física ou mental;

III – na presença física ou virtual de descendente ou de ascendente da vítima;

IV – em descumprimento das medidas protetivas de urgência previstas nos incisos I, II e III do *caput* do art. 22 da Lei nº 11.340, de 7 de agosto de 2006 (Lei Maria da Penha);

V – nas circunstâncias previstas nos incisos III, IV e VIII do § 2º do art. 121 deste Código.

Coautoria

§ 3º. Comunicam-se ao coautor ou partícipe as circunstâncias pessoais elementares do crime previstas no § 1º deste artigo.

- Art. 121-A acrescido pela Lei nº 14.994/2024.

Induzimento, instigação ou auxílio a suicídio ou a automutilação
- Item com denominação dada pela Lei nº 13.968/2019.

Art. 122. Induzir ou instigar alguém a suicidar-se ou a praticar automutilação ou prestar-lhe auxílio material para que o faça:
- V. art. 31 do CP.

Pena – reclusão, de 6 (seis) meses a 2 (dois) anos.
- Art. 122, *caput*, com redação dada pela Lei nº 13.968/2019.

§ 1º. Se da automutilação ou da tentativa de suicídio resulta lesão corporal de natureza grave ou gravíssima, nos termos dos §§ 1º e 2º do art. 129 deste Código:

Pena – reclusão, de 1 (um) a 3 (três) anos.
- § 1º com redação dada pela Lei nº 13.968/2019.

§ 2º. Se o suicídio se consuma ou se da automutilação resulta morte:

Pena – reclusão, de 2 (dois) a 6 (seis) anos.
- § 2º com redação dada pela Lei nº 13.968/2019.

§ 3º. A pena é duplicada:

I – se o crime é praticado por motivo egoístico, torpe ou fútil;

II – se a vítima é menor ou tem diminuída, por qualquer causa, a capacidade de resistência.
- § 3º com redação dada pela Lei nº 13.968/2019.

§ 4º. A pena é aumentada até o dobro se a conduta é realizada por meio da rede de computado-

res, de rede social ou transmitida em tempo real.
• § 4º com redação dada pela Lei nº 13.968/2019.

§ 5º. Aplica-se a pena em dobro se o autor é líder, coordenador ou administrador de grupo, de comunidade ou de rede virtual, ou por estes é responsável.
• § 5º com redação dada pela Lei nº 14.811/2024.

§ 6º. Se o crime de que trata o § 1º deste artigo resulta em lesão corporal de natureza gravíssima e é cometido contra menor de 14 (quatorze) anos ou contra quem, por enfermidade ou deficiência mental, não tem o necessário discernimento para a prática do ato, ou que, por qualquer outra causa, não pode oferecer resistência, responde o agente pelo crime descrito no § 2º do art. 129 deste Código.
• § 6º com redação dada pela Lei nº 13.968/2019.

§ 7º. Se o crime de que trata o § 2º deste artigo é cometido contra menor de 14 (quatorze) anos ou contra quem não tem o necessário discernimento para a prática do ato, ou que, por qualquer outra causa, não pode oferecer resistência, responde o agente pelo crime de homicídio, nos termos do art. 121 deste Código.
• § 7º com redação dada pela Lei nº 13.968/2019.

Infanticídio

Art. 123. Matar, sob a influência do estado puerperal, o próprio filho, durante o parto ou logo após:

Pena – detenção, de 2 (dois) a 6 (seis) anos.

Aborto provocado pela gestante ou com seu consentimento

Art. 124. Provocar aborto em si mesma ou consentir que outrem lho provoque:
• Vide ADPF 54.

Pena – detenção, de 1 (um) a 3 (três) anos.

Aborto provocado por terceiro

Art. 125. Provocar aborto, sem o consentimento da gestante:

Pena – reclusão, de 3 (três) a 10 (dez) anos.

Art. 126. Provocar aborto com o consentimento da gestante:
• Vide ADPF 54.

Pena – reclusão, de 1 (um) a 4 (quatro) anos.

Parágrafo único. Aplica-se a pena do artigo anterior, se a gestante não é maior de 14 (catorze) anos, ou é alienada ou débil mental, ou se o consentimento é obtido mediante fraude, grave ameaça ou violência.
• V. art. 26, *caput*, do CP.

Forma qualificada

Art. 127. As penas cominadas nos dois artigos anteriores são aumentadas de 1/3 (um terço), se, em consequência do aborto ou dos meios empregados para provocá-lo, a gestante sofre lesão

Art. 128. Não se pune o aborto praticado por médico:
- Vide ADPF 54.

Aborto necessário

I – se não há outro meio de salvar a vida da gestante;
- V. arts. 23, I; e 24 do CP.

Aborto no caso de gravidez resultante de estupro

II – se a gravidez resulta de estupro e o aborto é precedido de consentimento da gestante ou, quando incapaz, de seu representante legal.

CAPÍTULO II
DAS LESÕES CORPORAIS

Lesão corporal

Art. 129. Ofender a integridade corporal ou a saúde de outrem:

Pena – detenção, de 3 (três) meses a 1 (um) ano.
- Vide Súmula 575 do STJ.

Lesão corporal de natureza grave

§ 1º. Se resulta:

I – incapacidade para as ocupações habituais, por mais de 30 (trinta) dias;

II – perigo de vida;

III – debilidade permanente de membro, sentido ou função;

(continuação do art. anterior: corporal de natureza grave; e são duplicadas, se, por qualquer dessas causas, lhe sobrevém a morte.)
- V. art. 19 do CP.

IV – aceleração de parto:

Pena – reclusão, de 1 (um) a 5 (cinco) anos.

§ 2º. Se resulta:

I – incapacidade permanente para o trabalho;

II – enfermidade incurável;

III – perda ou inutilização do membro, sentido ou função;

IV – deformidade permanente;

V – aborto:

Pena – reclusão, de 2 (dois) a 8 (oito) anos.
- V. art. 122, § 6º, do CP.

Lesão corporal seguida de morte

§ 3º. Se resulta morte e as circunstâncias evidenciam que o agente não quis o resultado, nem assumiu o risco de produzi-lo:

Pena – reclusão, de 4 (quatro) a 12 (doze) anos.

Diminuição de pena

§ 4º. Se o agente comete o crime impelido por motivo de relevante valor social ou moral ou sob o domínio de violenta emoção, logo em seguida a injusta provocação da vítima, o juiz pode reduzir a pena de 1/6 (um sexto) a 1/3 (um terço).

Substituição da pena

§ 5º. O juiz, não sendo graves as lesões, pode ainda substituir a pena de detenção pela de multa:
- V. arts. 59, IV; e 60, § 2º, do CP.

I – se ocorre qualquer das hipóteses do parágrafo anterior;

II – se as lesões são recíprocas.

Lesão corporal culposa

§ 6º. Se a lesão é culposa:

Pena – detenção, de 2 (dois) meses a 1 (um) ano.

Aumento de pena

§ 7º. Aumenta-se a pena de 1/3 (um terço) se ocorrer qualquer das hipóteses dos §§ 4º e 6º do art. 121 deste Código.
- § 7º com redação dada pela Lei nº 12.720/2012.

§ 8º. Aplica-se à lesão culposa o disposto no § 5º do art. 121.
- § 8º com redação dada pela Lei nº 8.069/1990.

Violência doméstica
- Item acrescido pela Lei nº 10.886/2004.

§ 9º. Se a lesão for praticada contra ascendente, descendente, irmão, cônjuge ou companheiro, ou com quem conviva ou tenha convivido, ou, ainda, prevalecendo-se o agente das relações domésticas, de coabitação ou de hospitalidade:
- § 9º com redação dada pela Lei nº 11.340/2006.

Pena – reclusão, de 2 (dois) a 5 (cinco) anos.
- Pena com redação dada pela Lei nº 14.994/2024.

§ 10. Nos casos previstos nos §§ 1º a 3º deste artigo, se as circunstâncias são as indicadas no § 9º deste artigo, aumenta-se a pena em 1/3 (um terço).
- § 10 acrescido pela Lei nº 10.886/2004.

§ 11. Na hipótese do § 9º deste artigo, a pena será aumentada de 1/3 (um terço) se o crime for cometido contra pessoa portadora de deficiência.
- § 11 acrescido pela Lei nº 11.340/2006.

§ 12. Se a lesão for praticada contra autoridade ou agente descrito nos arts. 142 e 144 da Constituição Federal, integrantes do sistema prisional e da Força Nacional de Segurança Pública, no exercício da função ou em decorrência dela, ou contra seu cônjuge, companheiro ou parente consanguíneo até terceiro grau, em razão dessa condição, a pena é aumentada de 1 (um) a 2/3 (dois terços).
- § 12 acrescido pela Lei nº 13.142/2015.

§ 13. Se a lesão é praticada contra a mulher, por razões da condição do sexo feminino, nos termos do § 1º do art. 121-A deste Código:

Pena – reclusão, de 2 (dois) a 5 (cinco) anos.
- § 13 com redação dada pela Lei nº 14.994/2024.

CAPÍTULO III
DA PERICLITAÇÃO DA VIDA E DA SAÚDE

Perigo de contágio venéreo

Art. 130. Expor alguém, por meio de relações sexuais ou qualquer ato libidinoso, a contágio de moléstia venérea, de que sabe ou deve saber que está contaminado:

Pena – detenção, de 3 (três) meses a 1 (um) ano, ou multa.

§ 1º. Se é intenção do agente transmitir a moléstia:

Pena – reclusão, de 1 (um) a 4 (quatro) anos, e multa.

§ 2º. Somente se procede mediante representação.
- V. art. 100, § 1º, do CP.

Perigo de contágio de moléstia grave

Art. 131. Praticar, com o fim de transmitir a outrem moléstia grave de que está contaminado, ato capaz de produzir o contágio:

Pena – reclusão, de 1 (um) a 4 (quatro) anos, e multa.

Perigo para a vida ou saúde de outrem

Art. 132. Expor a vida ou a saúde de outrem a perigo direto e iminente:

Pena – detenção, de 3 (três) meses a 1 (um) ano, se o fato não constitui crime mais grave.

Parágrafo único. A pena é aumentada de 1/6 (um sexto) a 1/3 (um terço) se a exposição da vida ou da saúde de outrem a perigo decorre do transporte de pessoas para a prestação de serviços em estabelecimentos de qualquer natureza, em desacordo com as normas legais.
- Parágrafo único acrescido pela Lei nº 9.777/1998.

Abandono de incapaz

Art. 133. Abandonar pessoa que está sob seu cuidado, guarda, vigilância ou autoridade, e, por qualquer motivo, incapaz de defender-se dos riscos resultantes do abandono:

Pena – detenção, de 6 (seis) meses a 3 (três) anos.
- V. arts. 13, § 2º; e 61, II, "f", "g" e "i", do CP.

§ 1º. Se do abandono resulta lesão corporal de natureza grave:

Pena – reclusão, de 1 (um) a 5 (cinco) anos.

§ 2º. Se resulta a morte:

Pena – reclusão, de 4 (quatro) a 12 (doze) anos.

Aumento de pena

§ 3º. As penas cominadas neste artigo aumentam-se de 1/3 (um terço):

I – se o abandono ocorre em lugar ermo;

II – se o agente é ascendente ou descendente, cônjuge, irmão, tutor ou curador da vítima;

III – se a vítima é maior de 60 (sessenta) anos.
- Inciso III acrescido pela Lei nº 10.741/2003.

Exposição ou abandono de recém-nascido

Art. 134. Expor ou abandonar recém-nascido, para ocultar desonra própria:
- V. arts. 13, § 2º; e 61, II, "e" e "h", do CP.

Pena – detenção, de 6 (seis) meses a 2 (dois) anos.

§ 1º. Se do fato resulta lesão corporal de natureza grave:

Pena – detenção, de 1 (um) a 3 (três) anos.

§ 2º. Se resulta a morte:

Pena – detenção, de 2 (dois) a 6 (seis) anos.

Omissão de socorro

Art. 135. Deixar de prestar assistência, quando possível fazê-lo sem risco pessoal, à criança abandonada ou extraviada, ou à pessoa inválida ou ferida, ao desamparo ou em grave e iminente perigo; ou não pedir, nesses casos, o socorro da autoridade pública:
- V. arts. 13, § 2º; e 61, II, "h", do CP.

Pena – detenção, de 1 (um) a 6 (seis) meses, ou multa.

Parágrafo único. A pena é aumentada de metade, se da omissão resulta lesão corporal de natureza grave, e triplicada, se resulta a morte.

Condicionamento de atendimento médico-hospitalar emergencial
- Item acrescido pela Lei nº 12.653/2012.

Art. 135-A. Exigir cheque-caução, nota promissória ou qualquer garantia, bem como o preenchimento prévio de formulários administrativos, como condição para o atendimento médico-hospitalar emergencial:

Pena – detenção, de 3 (três) meses a 1 (um) ano, e multa.

Parágrafo único. A pena é aumentada até o dobro se da negativa de atendimento resulta lesão corporal de natureza grave, e até o triplo se resulta a morte.
- Art. 135-A acrescido pela Lei nº 12.653/2012.

Maus-tratos

Art. 136. Expor a perigo a vida ou a saúde de pessoa sob sua autoridade, guarda ou vigilância, para fim de educação, ensino, tratamento ou custódia, quer privando-a de alimentação ou cuidados indispensáveis, quer sujeitando-a a trabalho excessivo ou inadequado, quer abusando de meios de correção ou disciplina:
- V. arts. 13, § 2º; e 61, II, "f", "g", "h" e "i", do CP.

Pena – detenção, de 2 (dois) meses a 1 (um) ano, ou multa.

§ 1º. Se do fato resulta lesão corporal de natureza grave:

Pena – reclusão, de 1 (um) a 4 (quatro) anos.

§ 2º. Se resulta a morte:

Pena – reclusão, de 4 (quatro) a 12 (doze) anos.

§ 3º. Aumenta-se a pena de 1/3 (um terço), se o crime é praticado contra pessoa menor de 14 (catorze) anos.
- § 3º acrescido pela Lei nº 8.069/1990.

CAPÍTULO IV
DA RIXA

Rixa

Art. 137. Participar de rixa, salvo para separar os contendores:

Pena – detenção, de 15 (quinze) dias a 2 (dois) meses, ou multa.

Parágrafo único. Se ocorre morte ou lesão corporal de natureza grave, aplica-se, pelo fato da participação na rixa, a pena de detenção, de 6 (seis) meses a 2 (dois) anos.
• V. art. 65, III, "e", do CP.

CAPÍTULO V
DOS CRIMES CONTRA A HONRA

Calúnia

Art. 138. Caluniar alguém, imputando-lhe falsamente fato definido como crime:

Pena – detenção, de 6 (seis) meses a 2 (dois) anos, e multa.

§ 1º. Na mesma pena incorre quem, sabendo falsa a imputação, a propala ou divulga.

§ 2º. É punível a calúnia contra os mortos.

Exceção da verdade

§ 3º. Admite-se a prova da verdade, salvo:

I – se, constituindo o fato imputado crime de ação privada, o ofendido não foi condenado por sentença irrecorrível;

II – se o fato é imputado a qualquer das pessoas indicadas no nº I do art. 141;

III – se do crime imputado, embora de ação pública, o ofendido foi absolvido por sentença irrecorrível.

Difamação

Art. 139. Difamar alguém, imputando-lhe fato ofensivo à sua reputação:

Pena – detenção, de 3 (três) meses a 1 (um) ano, e multa.

Exceção da verdade

Parágrafo único. A exceção da verdade somente se admite se o ofendido é funcionário público e a ofensa é relativa ao exercício de suas funções.
• Vide Súmula 396 do STF.

Injúria

Art. 140. Injuriar alguém, ofendendo-lhe a dignidade ou o decoro:

Pena – detenção, de 1 (um) a 6 (seis) meses, ou multa.

§ 1º. O juiz pode deixar de aplicar a pena:
• V. arts. 107, IX; e 120 do CP.

I – quando o ofendido, de forma reprovável, provocou diretamente a injúria;

II – no caso de retorsão imediata, que consista em outra injúria.

§ 2º. Se a injúria consiste em violência ou vias de fato, que, por sua natureza ou pelo meio empregado, se considerem aviltantes:

Pena – detenção, de 3 (três) meses a 1 (um) ano, e multa, além da pena correspondente à violência.

§ 3º. Se a injúria consiste na utilização de elementos referentes a religião ou à condição de pessoa idosa ou com deficiência:
- § 3º, *caput*, com redação dada pela Lei nº 14.532/2023.
- V. art. 145, parágrafo único, do CP.

Pena – reclusão de 1 (um) a 3 (três) anos, e multa.
- Pena com redação dada pela Lei nº 14.532/2022.

Disposições comuns

Art. 141. As penas cominadas neste Capítulo aumentam-se de 1/3 (um terço), se qualquer dos crimes é cometido:

I – contra o Presidente da República, ou contra chefe de governo estrangeiro;
- V. art. 145, parágrafo único, do CP.

II – contra funcionário público, em razão de suas funções, ou contra os Presidentes do Senado Federal, da Câmara dos Deputados ou do Supremo Tribunal Federal;
- Inciso II com redação dada pela Lei nº 14.197/2021.
- V. art. 145, parágrafo único, do CP.

III – na presença de várias pessoas, ou por meio que facilite a divulgação da calúnia, da difamação ou da injúria;

IV – contra criança, adolescente, pessoa maior de 60 (sessenta) anos ou pessoa com deficiência, exceto na hipótese prevista no § 3º do art. 140 deste Código.
- Inciso IV com redação dada pela Lei nº 14.344/2022.

§ 1º. Se o crime é cometido mediante paga ou promessa de recompensa, aplica-se a pena em dobro.
- § 1º renumerado pela Lei nº 13.964/2019.

§ 2º. Se o crime é cometido ou divulgado em quaisquer modalidades das redes sociais da rede mundial de computadores, aplica-se em triplo a pena.
- § 2º acrescido pela Lei nº 13.964/2019.

§ 3º. Se o crime é cometido contra a mulher por razões da condição do sexo feminino, nos termos do § 1º do art. 121-A deste Código, aplica-se a pena em dobro.
- § 3º acrescido pela Lei nº 14.994/2024.

Exclusão do crime

Art. 142. Não constitui injúria ou difamação punível:

I – a ofensa irrogada em juízo, na discussão da causa, pela parte ou por seu procurador;

II – a opinião desfavorável da crítica literária, artística ou científica, salvo quando inequívoca a intenção de injuriar ou difamar;

III – o conceito desfavorável emitido por funcionário público, em apreciação ou informação que preste no cumprimento de dever do ofício.

Parágrafo único. Nos casos dos n°s I e III, responde pela injúria ou pela difamação quem lhe dá publicidade.

Retratação

Art. 143. O querelado que, antes da sentença, se retrata cabalmente da calúnia ou da difamação, fica isento de pena.
- V. art. 107, VI, do CP.

Parágrafo único. Nos casos em que o querelado tenha praticado a calúnia ou a difamação utilizando-se de meios de comunicação, a retratação dar-se-á, se assim desejar o ofendido, pelos mesmos meios em que se praticou a ofensa.
• Parágrafo único acrescido pela Lei n° 13.188/2015.

Art. 144. Se, de referências, alusões ou frases, se infere calúnia, difamação ou injúria, quem se julga ofendido pode pedir explicações em juízo. Aquele que se recusa a dá-las ou, a critério do juiz, não as dá satisfatórias, responde pela ofensa.

Art. 145. Nos crimes previstos neste Capítulo somente se procede mediante queixa, salvo quando, no caso do art. 140, § 2°, da violência resulta lesão corporal.
- V. art. 100, §§ 1° e 2°, do CP.
- Vide Súmula 714 do STF.

Parágrafo único. Procede-se mediante requisição do Ministro da Justiça, no caso do inciso I do *caput* do art. 141 deste Código, e mediante representação do ofendido, no caso do inciso II do mesmo artigo, bem como no caso do § 3° do art. 140 deste Código.
• Parágrafo único com redação dada pela Lei n° 12.033/2009.

CAPÍTULO VI
DOS CRIMES CONTRA A LIBERDADE INDIVIDUAL

Seção I
DOS CRIMES CONTRA A LIBERDADE PESSOAL

Constrangimento ilegal

Art. 146. Constranger alguém, mediante violência ou grave ameaça, ou depois de lhe haver reduzido, por qualquer outro meio, a capacidade de resistência, a não fazer o que a lei permite, ou a fazer o que ela não manda:

Pena – detenção, de 3 (três) meses a 1 (um) ano, ou multa.

Aumento de pena

§ 1°. As penas aplicam-se cumulativamente e em dobro, quando, para a execução do crime, se reúnem mais de 3 (três) pessoas, ou há emprego de armas.

§ 2°. Além das penas cominadas, aplicam-se as correspondentes à violência.

§ 3°. Não se compreendem na disposição deste artigo:

I – a intervenção médica ou cirúrgica, sem o consentimento do paciente ou de seu representante legal, se justificada por iminente perigo de vida;

II – a coação exercida para impedir suicídio.

Intimidação sistemática (*bullying*)
• Item acrescido pela Lei nº 14.811/2024.

Art. 146-A. Intimidar sistematicamente, individualmente ou em grupo, mediante violência física ou psicológica, uma ou mais pessoas, de modo intencional e repetitivo, sem motivação evidente, por meio de atos de intimidação, de humilhação ou de discriminação ou de ações verbais, morais, sexuais, sociais, psicológicas, físicas, materiais ou virtuais:

Pena – multa, se a conduta não constituir crime mais grave.

Intimidação sistemática virtual (*cyberbullying*)
• Item acrescido pela Lei nº 14.811/2024.

Parágrafo único. Se a conduta é realizada por meio da rede de computadores, de rede social, de aplicativos, de jogos *on-line* ou por qualquer outro meio ou ambiente digital, ou transmitida em tempo real:

Pena – reclusão, de 2 (dois) anos a 4 (quatro) anos, e multa, se a conduta não constituir crime mais grave.
• Art. 146-A acrescido pela Lei nº 14.811/2024.

Ameaça

Art. 147. Ameaçar alguém, por palavra, escrito ou gesto, ou qualquer outro meio simbólico, de causar-lhe mal injusto e grave:
• V. art. 100, § 1º, do CP.

Pena – detenção, de 1 (um) a 6 (seis) meses, ou multa.

§ 1º. Se o crime é cometido contra a mulher por razões da condição do sexo feminino, nos termos do § 1º do art. 121-A deste Código, aplica-se a pena em dobro.
• § 1º com redação dada pela Lei nº 14.994/2024.

§ 2º. Somente se procede mediante representação, exceto na hipótese prevista no § 1º deste artigo.
• § 2º acrescido pela Lei nº 14.994/2024.

Perseguição
• Item acrescido pela Lei nº 14.132/2021.

Art. 147-A. Perseguir alguém, reiteradamente e por qualquer meio, ameaçando-lhe a integridade física ou psicológica, restringindo-lhe a capacidade de locomoção ou, de qualquer forma, invadindo ou perturbando sua esfera de liberdade ou privacidade.

Pena – reclusão, de 6 (seis) meses a 2 (dois) anos, e multa.

§ 1º. A pena é aumentada de metade se o crime é cometido:

I – contra criança, adolescente ou idoso;

II – contra mulher por razões da condição de sexo feminino, nos termos do § 2º-A do art. 121♦ deste Código;
• ♦ Publicação oficial: "§ 2º-A do art. 121". Entendemos que seria: "§ 1º do art. 121-A", ante o advento da Lei nº 14.994/2024, que revogou o § 2º-A do art. 121 e acresceu o art. 121-A ao CP. (N.E.)

ART. 147-B

III – mediante concurso de 2 (duas) ou mais pessoas ou com o emprego de arma.

§ 2º. As penas deste artigo são aplicáveis sem prejuízo das correspondentes à violência.

§ 3º. Somente se procede mediante representação.
* Art. 147-A acrescido pela Lei nº 14.132/2021.

Violência psicológica contra a mulher
* Item acrescido pela Lei nº 14.188/2021.

Art. 147-B. Causar dano emocional à mulher que a prejudique e perturbe seu pleno desenvolvimento ou que vise a degradar ou a controlar suas ações, comportamentos, crenças e decisões, mediante ameaça, constrangimento, humilhação, manipulação, isolamento, chantagem, ridicularização, limitação do direito de ir e vir ou qualquer outro meio que cause prejuízo à sua saúde psicológica e autodeterminação:

Pena – reclusão, de 6 (seis) meses a 2 (dois) anos, e multa, se a conduta não constitui crime mais grave.
* Art. 147-B acrescido pela Lei nº 14.188/2021.

Sequestro e cárcere privado

Art. 148. Privar alguém de sua liberdade, mediante sequestro ou cárcere privado:

Pena – reclusão, de 1 (um) a 3 (três) anos.

§ 1º. A pena é de reclusão, de 2 (dois) a 5 (cinco) anos:

I – se a vítima é ascendente, descendente, cônjuge ou companheiro do agente ou maior de 60 (sessenta) anos;
* Inciso I com redação dada pela Lei nº 11.106/2005.

II – se o crime é praticado mediante internação da vítima em casa de saúde ou hospital;

III – se a privação da liberdade dura mais de 15 (quinze) dias;

IV – se o crime é praticado contra menor de 18 (dezoito) anos;
* Inciso IV acrescido pela Lei nº 11.106/2005.

V – se o crime é praticado com fins libidinosos.
* Inciso V acrescido pela Lei nº 11.106/2005.

§ 2º. Se resulta à vítima, em razão de maus-tratos ou da natureza da detenção, grave sofrimento físico ou moral:

Pena – reclusão, de 2 (dois) a 8 (oito) anos.

Redução a condição análoga à de escravo

Art. 149. Reduzir alguém a condição análoga à de escravo, quer submetendo-o a trabalhos forçados ou a jornada exaustiva, quer sujeitando-o a condições degradantes de trabalho, quer restringindo, por qualquer meio, sua locomoção em razão de dívida contraída com o empregador ou preposto:

Pena – reclusão, de 2 (dois) a 8 (oito) anos, e multa, além da pena correspondente à violência.
• Art. 149, *caput*, com redação dada pela Lei nº 10.803/2003.

§ 1º. Nas mesmas penas incorre quem:

I – cerceia o uso de qualquer meio de transporte por parte do trabalhador, com o fim de retê-lo no local de trabalho;

II – mantém vigilância ostensiva no local de trabalho ou se apodera de documentos ou objetos pessoais do trabalhador, com o fim de retê-lo no local de trabalho.
• § 1º acrescido pela Lei nº 10.803/2003.

§ 2º. A pena é aumentada de metade, se o crime é cometido:

I – contra criança ou adolescente;

II – por motivo de preconceito de raça, cor, etnia, religião ou origem.
• § 2º acrescido pela Lei nº 10.803/2003.

Tráfico de pessoas
• Item acrescido pela Lei nº 13.344/2016.

Art. 149-A. Agenciar, aliciar, recrutar, transportar, transferir, comprar, alojar ou acolher pessoa, mediante grave ameaça, violência, coação, fraude ou abuso, com a finalidade de:

I – remover-lhe órgãos, tecidos ou partes do corpo;

II – submetê-la a trabalho em condições análogas à de escravo;

III – submetê-la a qualquer tipo de servidão;

IV – adoção ilegal; ou

V – exploração sexual.

Pena – reclusão, de 4 (quatro) a 8 (oito) anos, e multa.
• Art. 149-A, *caput*, acrescido pela Lei nº 13.344/2016.

§ 1º. A pena é aumentada de 1/3 (um terço) até a metade se:

I – o crime for cometido por funcionário público no exercício de suas funções ou a pretexto de exercê-las;

II – o crime for cometido contra criança, adolescente ou pessoa idosa ou com deficiência;

III – o agente se prevalecer de relações de parentesco, domésticas, de coabitação, de hospitalidade, de dependência econômica, de autoridade ou de superioridade hierárquica inerente ao exercício de emprego, cargo ou função; ou

IV – a vítima do tráfico de pessoas for retirada do território nacional.
• § 1º acrescido pela Lei nº 13.344/2016.

§ 2º. A pena é reduzida de um a 2/3 (dois terços) se o agente for primário e não integrar organização criminosa.
• § 2º acrescido pela Lei nº 13.344/2016.

Seção II
DOS CRIMES CONTRA A INVIOLABILIDADE DO DOMICÍLIO

Violação de domicílio

Art. 150. Entrar ou permanecer, clandestina ou astuciosamente, ou contra a vontade expressa ou tácita de quem de direito, em casa alheia ou em suas dependências:

Pena – detenção, de 1 (um) a 3 (três) meses, ou multa.

§ 1º. Se o crime é cometido durante a noite, ou em lugar ermo, ou com o emprego de violência ou de arma, ou por 2 (duas) ou mais pessoas:

Pena – detenção, de 6 (seis) meses a 2 (dois) anos, além da pena correspondente à violência.

§ 2º. (Revogado).
* § 2º revogado pela Lei nº 13.869/2019.

§ 3º. Não constitui crime a entrada ou permanência em casa alheia ou em suas dependências:

I – durante o dia, com observância das formalidades legais, para efetuar prisão ou outra diligência;

II – a qualquer hora do dia ou da noite, quando algum crime está sendo ali praticado ou na iminência de o ser.

§ 4º. A expressão "casa" compreende:

I – qualquer compartimento habitado;

II – aposento ocupado de habitação coletiva;

III – compartimento não aberto ao público, onde alguém exerce profissão ou atividade.

§ 5º. Não se compreendem na expressão "casa":

I – hospedaria, estalagem ou qualquer outra habitação coletiva, enquanto aberta, salvo a restrição do nº II do parágrafo anterior;

II – taverna, casa de jogo e outras do mesmo gênero.

Seção III
DOS CRIMES CONTRA A INVIOLABILIDADE DE CORRESPONDÊNCIA

Violação de correspondência

Art. 151. Devassar indevidamente o conteúdo de correspondência fechada, dirigida a outrem:

Pena – detenção, de 1 (um) a 6 (seis) meses, ou multa.

Sonegação ou destruição de correspondência

§ 1º. Na mesma pena incorre:

I – quem se apossa indevidamente de correspondência alheia, embora não fechada e, no todo ou em parte, a sonega ou destrói;

Violação de comunicação telegráfica, radioelétrica ou telefônica

II – quem indevidamente divulga, transmite a outrem ou utiliza abusivamente comunicação telegráfica ou radioelétrica dirigida a terceiro, ou conversação telefônica entre outras pessoas;

III – quem impede a comunicação ou a conversação referidas no número anterior;

IV – quem instala ou utiliza estação ou aparelho radioelétrico, sem observância de disposição legal.

§ 2º. As penas aumentam-se de metade, se há dano para outrem.

§ 3º. Se o agente comete o crime, com abuso de função em serviço postal, telegráfico, radioelétrico ou telefônico:

Pena – detenção, de 1 (um) a 3 (três) anos.

§ 4º. Somente se procede mediante representação, salvo nos casos do § 1º, IV, e do § 3º.
- V. art. 100, § 1º, do CP.

Correspondência comercial

Art. 152. Abusar da condição de sócio ou empregado de estabelecimento comercial ou industrial para, no todo ou em parte, desviar, sonegar, subtrair ou suprimir correspondência, ou revelar a estranho seu conteúdo:

Pena – detenção, de 3 (três) meses a 2 (dois) anos.

Parágrafo único. Somente se procede mediante representação.
- V. art. 100, § 1º, do CP.

SEÇÃO IV
DOS CRIMES CONTRA A INVIOLABILIDADE DOS SEGREDOS

Divulgação de segredo

Art. 153. Divulgar alguém, sem justa causa, conteúdo de documento particular ou de correspondência confidencial, de que é destinatário ou detentor, e cuja divulgação possa produzir dano a outrem:

Pena – detenção, de 1 (um) a 6 (seis) meses, ou multa.

§ 1º. Somente se procede mediante representação.
- § 1º renumerado pela Lei nº 9.983/2000.
- V. art. 100, § 1º, do CP.

§ 1º-A. Divulgar, sem justa causa, informações sigilosas ou reservadas, assim definidas em lei, contidas ou não nos sistemas de informações ou banco de dados da Administração Pública:

Pena – detenção, de 1 (um) a 4 (quatro) anos, e multa.
- § 1º-A acrescido pela Lei nº 9.983/2000.

§ 2º. Quando resultar prejuízo para a Administração Pública, a ação penal será incondicionada.
- § 2º acrescido pela Lei nº 9.983/2000.

Violação do segredo profissional

Art. 154. Revelar alguém, sem justa causa, segredo, de que tem ciência em razão de função, ministério, ofício ou profissão, e cuja revelação possa produzir dano a outrem:

Pena – detenção, de 3 (três) meses a 1 (um) ano, ou multa.

Parágrafo único. Somente se procede mediante representação.
- V. art. 100, § 1º, do CP.

Invasão de dispositivo informático
- Item acrescido pela Lei nº 12.737/2012.

Art. 154-A. Invadir dispositivo informático de uso alheio, conecta-

do ou não à rede de computadores, com o fim de obter, adulterar ou destruir dados ou informações sem autorização expressa ou tácita do usuário do dispositivo ou de instalar vulnerabilidades para obter vantagem ilícita:
• V. art. 171 do CP.

Pena – reclusão, de 1 (um) a 4 (quatro) anos, e multa.
• Art. 154-A, *caput*, com redação dada pela Lei nº 14.155/2021.

§ 1º. Na mesma pena incorre quem produz, oferece, distribui, vende ou difunde dispositivo ou programa de computador com o intuito de permitir a prática da conduta definida no *caput*.
• § 1º acrescido pela Lei nº 12.737/2012.

§ 2º. Aumenta-se a pena de 1/3 (um terço) a 2/3 (dois terços) se da invasão resulta prejuízo econômico.
• § 2º com redação dada pela Lei nº 14.155/2021.

§ 3º. Se da invasão resultar a obtenção de conteúdo de comunicações eletrônicas privadas, segredos comerciais ou industriais, informações sigilosas, assim definidas em lei, ou o controle remoto não autorizado do dispositivo invadido:
• § 3º, *caput*, acrescido pela Lei nº 12.737/2012.

Pena – reclusão, de 2 (dois) a 5 (cinco) anos, e multa.
• Pena com redação dada pela Lei nº 14.155/2021.

§ 4º. Na hipótese do § 3º, aumenta-se a pena de 1 (um) a 2/3 (dois terços) se houver divulgação, comercialização ou transmissão a terceiro, a qualquer título, dos dados ou informações obtidos.
• § 4º acrescido pela Lei nº 12.737/2012.

§ 5º. Aumenta-se a pena de 1/3 (um terço) à metade se o crime for praticado contra:

I – Presidente da República, governadores e prefeitos;

II – Presidente do Supremo Tribunal Federal;

III – Presidente da Câmara dos Deputados, do Senado Federal, de Assembleia Legislativa de Estado, da Câmara Legislativa do Distrito Federal ou de Câmara Municipal; ou

IV – dirigente máximo da administração direta e indireta federal, estadual, municipal ou do Distrito Federal.
• § 5º acrescido pela Lei nº 12.737/2012.

Ação penal
• Item acrescido pela Lei nº 12.737/2012.

Art. 154-B. Nos crimes definidos no art. 154-A, somente se procede mediante representação, salvo se o crime é cometido contra a administração pública direta ou indireta de qualquer dos Poderes da União, Estados, Distrito Federal ou Municípios ou contra empresas concessionárias de serviços públicos.
• Art.154-B acrescido pela Lei nº 12.737/2012.
• V. art. 100, § 1º, do CP.

TÍTULO II
DOS CRIMES CONTRA O PATRIMÔNIO

CAPÍTULO I
DO FURTO

Furto

Art. 155. Subtrair, para si ou para outrem, coisa alheia móvel:

Pena – reclusão, de 1 (um) a 4 (quatro) anos, e multa.
- V. arts. 16, 180 a 183-A e 312 do CP.
- Vide Súmula 567 do STJ.

§ 1º. A pena aumenta-se de 1/3 (um terço), se o crime é praticado durante o repouso noturno.

§ 2º. Se o criminoso é primário, e é de pequeno valor a coisa furtada, o juiz pode substituir a pena de reclusão pela de detenção, diminuí-la de 1 (um) a 2/3 (dois terços), ou aplicar somente a pena de multa.
- Vide Súmula 511 do STJ.

§ 3º. Equipara-se à coisa móvel a energia elétrica ou qualquer outra que tenha valor econômico.

Furto qualificado

§ 4º. A pena é de reclusão de 2 (dois) a 8 (oito) anos, e multa, se o crime é cometido:

I – com destruição ou rompimento de obstáculo à subtração da coisa;

II – com abuso de confiança, ou mediante fraude, escalada ou destreza;

III – com emprego de chave falsa;

IV – mediante concurso de 2 (duas) ou mais pessoas.
- Vide Súmula 442 do STJ.

§ 4º-A. A pena é de reclusão de 4 (quatro) a 10 (dez) anos e multa, se houver emprego de explosivo ou de artefato análogo que cause perigo comum.
- § 4º-A acrescido pela Lei nº 13.654/2018.

§ 4º-B. A pena é de reclusão, de 4 (quatro) a 8 (oito) anos, e multa, se o furto mediante fraude é cometido por meio de dispositivo eletrônico ou informático, conectado ou não à rede de computadores, com ou sem a violação de mecanismo de segurança ou a utilização de programa malicioso, ou por qualquer outro meio fraudulento análogo.
- § 4º-B acrescido pela Lei nº 14.155/2021.

§ 4º-C. A pena prevista no § 4º-B deste artigo, considerada a relevância do resultado gravoso:

I – aumenta-se de 1/3 (um terço) a 2/3 (dois terços), se o crime é praticado mediante a utilização de servidor mantido fora do território nacional;

II – aumenta-se de 1/3 (um terço) ao dobro, se o crime é praticado contra idoso ou vulnerável.
- § 4º-C acrescido pela Lei nº 14.155/2021.

§ 5º. A pena é de reclusão de 3 (três) a 8 (oito) anos, se a subtração for de veículo automotor que venha a ser transportado para outro Estado ou para o exterior.
- § 5º acrescido pela Lei nº 9.426/1996.

§ 6º. A pena é de reclusão de 2 (dois) a 5 (cinco) anos se a subtração for de semovente domesticável de produção, ainda que abatido ou dividido em partes no local da subtração.
* § 6º acrescido pela Lei nº 13.330/2016.

§ 7º. A pena é de reclusão de 4 (quatro) a 10 (dez) anos e multa, se a subtração for de substâncias explosivas ou de acessórios que, conjunta ou isoladamente, possibilitem sua fabricação, montagem ou emprego.
* § 7º acrescido pela Lei nº 13.654/2018.

Furto de coisa comum

Art. 156. Subtrair o condômino, coerdeiro ou sócio, para si ou para outrem, a quem legitimamente a detém, a coisa comum:

Pena – detenção, de 6 (seis) meses a 2 (dois) anos, ou multa.
* V. art. 168 do CP.

§ 1º. Somente se procede mediante representação.
* V. art. 100, § 1º, do CP.

§ 2º. Não é punível a subtração de coisa comum fungível, cujo valor não excede a quota a que tem direito o agente.

CAPÍTULO II
DO ROUBO E DA EXTORSÃO

Roubo

Art. 157. Subtrair coisa móvel alheia, para si ou para outrem, mediante grave ameaça ou violência a pessoa, ou depois de havê-la, por qualquer meio, reduzido à impossibilidade de resistência:

Pena – reclusão, de 4 (quatro) a 10 (dez) anos, e multa.
* V. art. 16 do CP.
* Vide Súmula 582 do STJ.

§ 1º. Na mesma pena incorre quem, logo depois de subtraída a coisa, emprega violência contra pessoa ou grave ameaça, a fim de assegurar a impunidade do crime ou a detenção da coisa para si ou para terceiro.

§ 2º. A pena aumenta-se de 1/3 (um terço) até metade:
* Vide Súmula 443 do STJ.

I – (revogado);
* Inciso I revogado pela Lei nº 13.654/2018.

II – se há o concurso de 2 (duas) ou mais pessoas;
* Vide Súmula 442 do STJ.

III – se a vítima está em serviço de transporte de valores e o agente conhece tal circunstância;

IV – se a subtração for de veículo automotor que venha a ser transportado para outro Estado ou para o exterior;
* Inciso IV acrescido pela Lei nº 9.426/1996.

V – se o agente mantém a vítima em seu poder, restringindo sua liberdade;
* Inciso V acrescido pela Lei nº 9.426/1996.
* V. art. 158, § 3º, do CP.

VI – se a subtração for de substâncias explosivas ou de acessórios que, conjunta ou isoladamen-

te, possibilitem sua fabricação, montagem ou emprego;
- Inciso VI acrescido pela Lei nº 13.654/2018.

VII – se a violência ou grave ameaça é exercida com emprego de arma branca.
- Inciso VII acrescido pela Lei nº 13.964/2019.

§ 2º-A. A pena aumenta-se de 2/3 (dois terços):
- 2º-A, *caput*, acrescido pela Lei nº 13.654/2018.

I – se a violência ou ameaça é exercida com emprego de arma de fogo;
- Inciso I acrescido pela Lei nº 13.654/2018.

II – se há destruição ou rompimento de obstáculo mediante o emprego de explosivo ou de artefato análogo que cause perigo comum.
- Inciso II acrescido pela Lei nº 13.654/2018.

§ 2º-B. Se a violência ou grave ameaça é exercida com emprego de arma de fogo de uso restrito ou proibido, aplica-se em dobro a pena prevista no *caput* deste artigo.
- § 2º-B acrescido pela Lei nº 13.964/2019.

§ 3º. Se da violência resulta:
- § 3º, *caput*, com redação dada pela Lei nº 13.654/2018.

I – lesão corporal grave, a pena é de reclusão de 7 (sete) a 18 (dezoito) anos e multa;
- Inciso I acrescido pela Lei nº 13.654/2018.

II – morte, a pena é de reclusão de 20 (vinte) a 30 (trinta) anos, e multa.
- Inciso II acrescido pela Lei nº 13.654/2018.
- V. art. 19 do CP.
- Vide Súmulas 603 e 610 do STF.

Extorsão

Art. 158. Constranger alguém, mediante violência ou grave ameaça, e com o intuito de obter para si ou para outrem indevida vantagem econômica, a fazer, tolerar que se faça ou deixar de fazer alguma coisa:

Pena – reclusão, de 4 (quatro) a 10 (dez) anos, e multa.

§ 1º. Se o crime é cometido por 2 (duas) ou mais pessoas, ou com emprego de arma, aumenta-se a pena de 1/3 (um terço) até metade.

§ 2º. Aplica-se à extorsão praticada mediante violência o disposto no § 3º do artigo anterior.
- Vide Súmula 96 do STJ.

§ 3º. Se o crime é cometido mediante a restrição da liberdade da vítima, e essa condição é necessária para a obtenção da vantagem econômica, a pena é de reclusão, de 6 (seis) a 12 (doze) anos, além da multa; se resulta lesão corporal grave ou morte, aplicam-se as penas previstas no art. 159, §§ 2º e 3º, respectivamente.
- § 3º acrescido pela Lei nº 11.923/2009.
- V. art. 157, § 2º, V, do CP.

Extorsão mediante sequestro

Art. 159. Sequestrar pessoa com o fim de obter, para si ou para outrem, qualquer vantagem, como condição ou preço do resgate:

Pena – reclusão, de 8 (oito) a 15 (quinze) anos.
* Pena com redação dada pela Lei nº 8.072/1990.

§ 1º. Se o sequestro dura mais de 24 (vinte e quatro) horas, se o sequestrado é menor de 18 (dezoito) ou maior de 60 (sessenta) anos, ou se o crime é cometido por bando ou quadrilha.
* § 1º, *caput*, com redação dada pela Lei nº 10.741/2003.

Pena – reclusão, de 12 (doze) a 20 (vinte) anos.
* Pena com redação dada pela Lei nº 8.072/1990.

§ 2º. Se do fato resulta lesão corporal de natureza grave:
* V. art. 19 do CP.

Pena – reclusão, de 16 (dezesseis) a 24 (vinte quatro) anos.
* Pena com redação dada pela Lei nº 8.072/1990.

§ 3º. Se resulta a morte:
* V. art. 19 do CP.

Pena – reclusão, de 24 (vinte e quatro) a 30 (trinta) anos.
* Pena com redação dada pela Lei nº 8.072/1990.

§ 4º. Se o crime é cometido em concurso, o concorrente que o denunciar à autoridade, facilitando a libertação do sequestrado, terá sua pena reduzida de 1 (um) a 2/3 (dois terços).
* § 4º com redação dada pela Lei nº 9.269/1996.

Extorsão indireta

Art. 160. Exigir ou receber, como garantia de dívida, abusando da situação de alguém, documento que pode dar causa a procedimento criminal contra a vítima ou contra terceiro:

Pena – reclusão, de 1 (um) a 3 (três) anos, e multa.

CAPÍTULO III
DA USURPAÇÃO

Alteração de limites

Art. 161. Suprimir ou deslocar tapume, marco, ou qualquer outro sinal indicativo de linha divisória, para apropriar-se, no todo ou em parte, de coisa imóvel alheia:

Pena – detenção, de 1 (um) a 6 (seis) meses, e multa.

§ 1º. Na mesma pena incorre quem:

Usurpação de águas

I – desvia ou represa, em proveito próprio ou de outrem, águas alheias;

Esbulho possessório

II – invade, com violência a pessoa ou grave ameaça, ou mediante concurso de mais de 2 (duas) pessoas, terreno ou edifício alheio, para o fim de esbulho possessório.

§ 2º. Se o agente usa de violência, incorre também na pena a esta cominada.

§ 3º. Se a propriedade é particular, e não há emprego de violência, somente se procede mediante queixa.
* V. art. 100, § 2º, do CP.

Supressão ou alteração de marca em animais

Art. 162. Suprimir ou alterar, indevidamente, em gado ou rebanho alheio, marca ou sinal indicativo de propriedade:

Pena – detenção, de 6 (seis) meses a 3 (três) anos, e multa.

CAPÍTULO IV
DO DANO

Dano

Art. 163. Destruir, inutilizar ou deteriorar coisa alheia:

Pena – detenção, de 1 (um) a 6 (seis) meses, ou multa.
* V. art. 16 do CP.
* Vide Súmula 575 do STJ.

Dano qualificado

Parágrafo único. Se o crime é cometido:

I – com violência à pessoa ou grave ameaça;

II – com emprego de substância inflamável ou explosiva, se o fato não constitui crime mais grave;

III – contra o patrimônio da União, de Estado, do Distrito Federal, de Município ou de autarquia, fundação pública, empresa pública, sociedade de economia mista ou empresa concessionária de serviços públicos;
* Inciso III com redação dada pela Lei nº 13.531/2017.

IV – por motivo egoístico ou com prejuízo considerável para a vítima:
* V. art. 167 do CP.

Pena – detenção, de 6 (seis) meses a 3 (três) anos, e multa, além da pena correspondente à violência.

Introdução ou abandono de animais em propriedade alheia

Art. 164. Introduzir ou deixar animais em propriedade alheia, sem consentimento de quem de direito, desde que do fato resulte prejuízo:

Pena – detenção, de 15 (quinze) dias a 6 (seis) meses, ou multa.
* V. art. 167 do CP.

Dano em coisa de valor artístico, arqueológico ou histórico

Art. 165. Destruir, inutilizar ou deteriorar coisa tombada pela autoridade competente em virtude de valor artístico, arqueológico ou histórico:

Pena – detenção, de 6 (seis) meses a 2 (dois) anos, e multa.

Alteração de local especialmente protegido

Art. 166. Alterar, sem licença da autoridade competente, o aspecto de local especialmente protegido por lei:

Pena – detenção, de 1 (um) mês a 1 (um) ano, ou multa.

Ação penal

Art. 167. Nos casos do art. 163, do inciso IV do seu parágrafo e do art. 164, somente se procede mediante queixa.
- V. art. 100, § 2°, do CP.

CAPÍTULO V
DA APROPRIAÇÃO INDÉBITA

Apropriação indébita

Art. 168. Apropriar-se de coisa alheia móvel, de que tem a posse ou a detenção:

Pena – reclusão, de 1 (um) a 4 (quatro) anos, e multa.
- V. art. 312 do CP.

Aumento de pena

§ 1°. A pena é aumentada de 1/3 (um terço), quando o agente recebeu a coisa:

I – em depósito necessário;

II – na qualidade de tutor, curador, síndico, liquidatário, inventariante, testamenteiro ou depositário judicial;

III – em razão de ofício, emprego ou profissão.

Apropriação indébita previdenciária
- Item acrescido pela Lei n° 9.983/2000.

Art. 168-A. Deixar de repassar à previdência social as contribuições recolhidas dos contribuintes, no prazo e forma legal ou convencional:

Pena – reclusão, de 2 (dois) a 5 (cinco) anos, e multa.
- Art. 168-A, *caput*, acrescido pela Lei n° 9.983/2000.

§ 1°. Nas mesmas penas incorre quem deixar de:

I – recolher, no prazo legal, contribuição ou outra importância destinada à previdência social que tenha sido descontada de pagamento efetuado a segurados, a terceiros ou arrecadada do público;

II – recolher contribuições devidas à previdência social que tenham integrado despesas contábeis ou custos relativos à venda de produtos ou à prestação de serviços;

III – pagar benefício devido a segurado, quando as respectivas cotas ou valores já tiverem sido reembolsados à empresa pela previdência social.
- § 1° acrescido pela Lei n° 9.983/2000.

§ 2º. É extinta a punibilidade se o agente, espontaneamente, declara, confessa e efetua o pagamento das contribuições, importâncias ou valores e presta as informações devidas à previdência social, na forma definida em lei ou regulamento, antes do início da ação fiscal.
• § 2º acrescido pela Lei nº 9.983/2000.

§ 3º. É facultado ao juiz deixar de aplicar a pena ou aplicar somente a de multa se o agente for primário e de bons antecedentes, desde que:

I – tenha promovido, após o início da ação fiscal e antes de oferecida a denúncia, o pagamento da contribuição social previdenciária, inclusive acessórios; ou

II – o valor das contribuições devidas, inclusive acessórios, seja igual ou inferior àquele estabelecido pela previdência social, administrativamente, como sendo o mínimo para o ajuizamento de suas execuções fiscais.
• § 3º acrescido pela Lei nº 9.983/2000.

§ 4º. A faculdade prevista no § 3º deste artigo não se aplica aos casos de parcelamento de contribuições cujo valor, inclusive dos acessórios, seja superior àquele estabelecido, administrativamente, como sendo o mínimo para o ajuizamento de suas execuções fiscais.
• § 4º acrescido pela Lei nº 13.606/2018.

Apropriação de coisa havida por erro, caso fortuito ou força da natureza

Art. 169. Apropriar-se alguém de coisa alheia vinda ao seu poder por erro, caso fortuito ou força da natureza:

Pena – detenção, de 1 (um) mês a 1 (um) ano, ou multa.

Parágrafo único. Na mesma pena incorre:

Apropriação de tesouro

I – quem acha tesouro em prédio alheio e se apropria, no todo ou em parte, da quota a que tem direito o proprietário do prédio;

Apropriação de coisa achada

II – quem acha coisa alheia perdida e dela se apropria, total ou parcialmente, deixando de restituí-la ao dono ou legítimo possuidor ou de entregá-la à autoridade competente, dentro no prazo de 15 (quinze) dias.

Art. 170. Nos crimes previstos neste Capítulo, aplica-se o disposto no art. 155, § 2º.

CAPÍTULO VI
DO ESTELIONATO E OUTRAS FRAUDES

Estelionato

Art. 171. Obter, para si ou para outrem, vantagem ilícita, em pre-

ART. 171 • CÓDIGO PENAL • 86

juízo alheio, induzindo ou mantendo alguém em erro, mediante artifício, ardil, ou qualquer outro meio fraudulento:

Pena – reclusão, de 1 (um) a 5 (cinco) anos, e multa.
* V. arts. 16, 167 e 289 a 311-A do CP.

§ 1º. Se o criminoso é primário, e é de pequeno valor o prejuízo, o juiz pode aplicar a pena conforme o disposto no art. 155, § 2º.

§ 2º. Nas mesmas penas incorre quem:

Disposição de coisa alheia como própria

I – vende, permuta, dá em pagamento, em locação ou em garantia coisa alheia como própria;

Alienação ou oneração fraudulenta de coisa própria

II – vende, permuta, dá em pagamento ou em garantia coisa própria inalienável, gravada de ônus ou litigiosa, ou imóvel que prometeu vender a terceiro, mediante pagamento em prestações, silenciando sobre qualquer dessas circunstâncias;

Defraudação de penhor

III – defrauda, mediante alienação não consentida pelo credor ou por outro modo, a garantia pignoratícia, quando tem a posse do objeto empenhado;

Fraude na entrega de coisa

IV – defrauda substância, qualidade ou quantidade de coisa que deve entregar a alguém;

Fraude para recebimento de indenização ou valor de seguro

V – destrói, total ou parcialmente, ou oculta coisa própria, ou lesa o próprio corpo ou a saúde, ou agrava as consequências da lesão ou doença, com o intuito de haver indenização ou valor de seguro;

Fraude no pagamento por meio de cheque

VI – emite cheque, sem suficiente provisão de fundos em poder do sacado, ou lhe frustra o pagamento.
* Vide Súmulas 246, 521 e 554 do STF.
* Vide Súmula 244 do STJ.

Fraude eletrônica
* Item acrescido pela Lei nº 14.155/2021.

§ 2º-A. A pena é de reclusão, de 4 (quatro) a 8 (oito) anos, e multa, se a fraude é cometida com a utilização de informações fornecidas pela vítima ou por terceiro induzido a erro por meio de redes sociais, contatos telefônicos ou envio de correio eletrônico fraudulento, ou por qualquer outro meio fraudulento análogo.
* § 2º-A acrescido pela Lei nº 14.155/2021.

§ 2º-B. A pena prevista no § 2º-A deste artigo, considerada a relevância do resultado gravoso, aumenta-se de 1/3 (um terço) a 2/3 (dois terços), se o crime é praticado mediante a utilização de servidor mantido fora do território nacional.

- § 2º-B acrescido pela Lei nº 14.155/2021.

§ 3º. A pena aumenta-se de 1/3 (um terço), se o crime é cometido em detrimento de entidade de direito público ou de instituto de economia popular, assistência social ou beneficência.

- V. art. 337-A do CP.
- Vide Súmula 24 do STJ.

Estelionato contra idoso ou vulnerável

- Item com redação dada pela Lei nº 14.155/2021.

§ 4º. A pena aumenta-se de 1/3 (um terço) ao dobro, se o crime é cometido contra idoso ou vulnerável, considerada a relevância do resultado gravoso.

- § 4º com redação dada pela Lei nº 14.155/2021.

§ 5º. Somente se procede mediante representação, salvo se a vítima for:

I – a Administração Pública, direta ou indireta;

II – criança ou adolescente;

III – pessoa com deficiência mental; ou

IV – maior de 70 (setenta) anos de idade ou incapaz.

- § 5º acrescido pela Lei nº 13.964/2019.

Fraude com a utilização de ativos virtuais, valores mobiliários ou ativos financeiros

- Item acrescido pela Lei nº 14.478/2022.

Art. 171-A. Organizar, gerir, ofertar ou distribuir carteiras ou intermediar operações que envolvam ativos virtuais, valores mobiliários ou quaisquer ativos financeiros com o fim de obter vantagem ilícita, em prejuízo alheio, induzindo ou mantendo alguém em erro, mediante artifício, ardil ou qualquer outro meio fraudulento.

Pena – reclusão, de 4 (quatro) a 8 (oito) anos, e multa.

- Art. 171-A acrescido pela Lei nº 14.478/2022.

Duplicata simulada

Art. 172. Emitir fatura, duplicata ou nota de venda que não corresponda à mercadoria vendida, em quantidade ou qualidade, ou ao serviço prestado.

Pena – detenção, de 2 (dois) a 4 (quatro) anos, e multa.

- Art. 172, *caput*, com redação dada pela Lei nº 8.137/1990.

Parágrafo único. Nas mesmas penas incorrerá aquele que falsificar ou adulterar a escrituração do Livro de Registro de Duplicatas.

- Parágrafo único acrescido pela Lei nº 5.474/1968.

Abuso de incapazes

Art. 173. Abusar, em proveito próprio ou alheio, de necessidade, paixão ou inexperiência de menor, ou da alienação ou debilidade mental de outrem, induzindo qualquer deles à prática de ato suscetível de produzir efeito jurídico, em prejuízo próprio ou de terceiro:

Pena – reclusão, de 2 (dois) a 6 (seis) anos, e multa.

Induzimento à especulação

Art. 174. Abusar, em proveito próprio ou alheio, da inexperiência ou da simplicidade ou inferioridade mental de outrem, induzindo-o à prática de jogo ou aposta, ou à especulação com títulos ou mercadorias, sabendo ou devendo saber que a operação é ruinosa:

Pena – reclusão, de 1 (um) a 3 (três) anos, e multa.

Fraude no comércio

Art. 175. Enganar, no exercício de atividade comercial, o adquirente ou consumidor:

I – vendendo, como verdadeira ou perfeita, mercadoria falsificada ou deteriorada;

II – entregando uma mercadoria por outra:

Pena – detenção, de 6 (seis) meses a 2 (dois) anos, ou multa.

§ 1º. Alterar em obra que lhe é encomendada a qualidade ou o peso de metal ou substituir, no mesmo caso, pedra verdadeira por falsa ou por outra de menor valor; vender pedra falsa por verdadeira; vender, como precioso, metal de outra qualidade:

Pena – reclusão, de 1 (um) a 5 (cinco) anos, e multa.

§ 2º. É aplicável o disposto no art. 155, § 2º.

Outras fraudes

Art. 176. Tomar refeição em restaurante, alojar-se em hotel ou utilizar-se de meio de transporte sem dispor de recursos para efetuar o pagamento:

Pena – detenção, de 15 (quinze) dias a 2 (dois) meses, ou multa.

Parágrafo único. Somente se procede mediante representação, e o juiz pode, conforme as circunstâncias, deixar de aplicar a pena.

Fraudes e abusos na fundação ou administração de sociedade por ações

Art. 177. Promover a fundação de sociedade por ações, fazendo, em prospecto ou em comunicação ao público ou à assembleia, afirmação falsa sobre a constituição da sociedade, ou ocultando fraudulentamente fato a ela relativo:

Pena – reclusão, de 1 (um) a 4 (quatro) anos, e multa, se o fato não constitui crime contra a economia popular.

§ 1º. Incorrem na mesma pena, se o fato não constitui crime contra a economia popular:

I – o diretor, o gerente ou o fiscal de sociedade por ações, que, em prospecto, relatório, parecer, balanço ou comunicação ao público ou à assembleia, faz afirmação falsa sobre as condições econômicas da sociedade, ou oculta fraudulentamente, no todo ou em parte, fato a elas relativo;

II – o diretor, o gerente ou o fiscal que promove, por qualquer artifício, falsa cotação das ações ou de outros títulos da sociedade;

III – o diretor ou o gerente que toma empréstimo à sociedade ou usa, em proveito próprio ou de terceiro, dos bens ou haveres sociais, sem prévia autorização da assembleia geral;

IV – o diretor ou o gerente que compra ou vende, por conta da sociedade, ações por ela emitidas, salvo quando a lei o permite;

V – o diretor ou o gerente que, como garantia de crédito social, aceita em penhor ou em caução ações da própria sociedade;

VI – o diretor ou o gerente que, na falta de balanço, em desacordo com este, ou mediante balanço falso, distribui lucros ou dividendos fictícios;

VII – o diretor, o gerente ou o fiscal que, por interposta pessoa, ou conluiado com acionista, consegue a aprovação de conta ou parecer;

VIII – o liquidante, nos casos dos nºs I, II, III, IV, V e VII;

IX – o representante da sociedade anônima estrangeira, autorizada a funcionar no País, que pratica os atos mencionados nos nºs I e II, ou dá falsa informação ao Governo.

§ 2º. Incorre na pena de detenção, de 6 (seis) meses a 2 (dois) anos, e multa, o acionista que, a fim de obter vantagem para si ou para outrem, negocia o voto nas deliberações de assembleia geral.

Emissão irregular de conhecimento de depósito ou *warrant*

Art. 178. Emitir conhecimento de depósito ou *warrant*, em desacordo com disposição legal:

Pena – reclusão, de 1 (um) a 4 (quatro) anos, e multa.

Fraude à execução

Art. 179. Fraudar execução, alienando, desviando, destruindo ou danificando bens, ou simulando dívidas:

Pena – detenção, de 6 (seis) meses a 2 (dois) anos, ou multa.

Parágrafo único. Somente se procede mediante queixa.

CAPÍTULO VII
DA RECEPTAÇÃO

Receptação

Art. 180. Adquirir, receber, transportar, conduzir ou ocultar, em proveito próprio ou alheio, coisa que sabe ser produto de crime, ou influir para que terceiro, de boa-fé, a adquira, receba ou oculte:

Pena – reclusão, de 1 (um) a 4 (quatro) anos, e multa.
* Art. 180, *caput*, com redação dada pela Lei nº 9.426/1996.

Receptação qualificada
* Item com redação dada pela Lei nº 9.426/1996.

§ 1º. Adquirir, receber, transportar, conduzir, ocultar, ter em depósito, desmontar, montar, remontar, vender, expor à venda, ou de qualquer forma utilizar, em proveito próprio ou alheio, no exercício de atividade comercial ou industrial, coisa que deve saber ser produto de crime:

Pena – reclusão, de 3 (três) a 8 (oito) anos, e multa.
* § 1º com redação dada pela Lei nº 9.426/1996.

§ 2º. Equipara-se à atividade comercial, para efeito do parágrafo anterior, qualquer forma de comércio irregular ou clandestino, inclusive o exercido em residência.
* § 2º com redação dada pela Lei nº 9.426/1996.

§ 3º. Adquirir ou receber coisa que, por sua natureza ou pela desproporção entre o valor e o preço, ou pela condição de quem a oferece, deve presumir-se obtida por meio criminoso:

Pena – detenção, de 1 (um) mês a 1 (um) ano, ou multa, ou ambas as penas.
* § 3º com redação dada pela Lei nº 9.426/1996.

§ 4º. A receptação é punível, ainda que desconhecido ou isento de pena o autor do crime de que proveio a coisa.
* § 4º com redação dada pela Lei nº 9.426/1996.
* V. art. 26 e 27 do CP.

§ 5º. Na hipótese do § 3º, se o criminoso é primário, pode o juiz, tendo em consideração as circunstâncias, deixar de aplicar a pena. Na receptação dolosa aplica-se o disposto no § 2º do art. 155.
* § 5º acrescido pela Lei nº 9.426/1996.
* V. art. 59 do CP.

§ 6º. Tratando-se de bens do patrimônio da União, de Estado, do Distrito Federal, de Município ou de autarquia, fundação pública, empresa pública, sociedade de economia mista ou empresa concessionária de serviços públicos, aplica-se em dobro a pena prevista no *caput* deste artigo.
* § 6º com redação dada pela Lei nº 13.531/2017.

Receptação de animal
- Item acrescido pela Lei nº 13.330/2016.

Art. 180-A. Adquirir, receber, transportar, conduzir, ocultar, ter em depósito ou vender, com a finalidade de produção ou de comercialização, semovente domesticável de produção, ainda que abatido ou dividido em partes, que deve saber ser produto de crime:

Pena – reclusão, de 2 (dois) a 5 (cinco) anos, e multa.
- Art. 180-A acrescido pela Lei nº 13.330/2016.

CAPÍTULO VIII
DISPOSIÇÕES GERAIS

Art. 181. É isento de pena quem comete qualquer dos crimes previstos neste título, em prejuízo:

I – do cônjuge, na constância da sociedade conjugal;

II – de ascendente ou descendente, seja o parentesco legítimo ou ilegítimo, seja civil ou natural.

Art. 182. Somente se procede mediante representação, se o crime previsto neste título é cometido em prejuízo:

I – do cônjuge desquitado ou judicialmente separado;

II – de irmão, legítimo ou ilegítimo;

III – de tio ou sobrinho, com quem o agente coabita.

Art. 183. Não se aplica o disposto nos dois artigos anteriores:

I – se o crime é de roubo ou de extorsão, ou, em geral, quando haja emprego de grave ameaça ou violência à pessoa;

II – ao estranho que participa do crime;

III – se o crime é praticado contra pessoa com idade igual ou superior a 60 (sessenta) anos.
- Inciso III acrescido pela Lei nº 10.741/2003.

Art. 183-A. Nos crimes de que trata este Título, quando cometidos contra as instituições financeiras e os prestadores de serviço de segurança privada, de que trata o Estatuto da Segurança Privada e da Segurança das Instituições Financeiras, as penas serão aumentadas de 1/3 (um terço) até o dobro.
- Art. 183-A acrescido pela Lei nº 14.967/2024.

TÍTULO III
DOS CRIMES CONTRA A PROPRIEDADE IMATERIAL

CAPÍTULO I
DOS CRIMES CONTRA A PROPRIEDADE INTELECTUAL

Violação de direito autoral

Art. 184. Violar direitos de autor e os que lhe são conexos:

Pena – detenção, de 3 (três) meses a 1 (um) ano, ou multa.
- Art. 184, *caput*, com redação dada pela Lei nº 10.695/2003.
- Vide Súmula 574 do STJ.

§ 1º. Se a violação consistir em reprodução total ou parcial, com intuito de lucro direto ou indireto, por qualquer meio ou processo, de obra intelectual, interpretação, execução ou fonograma, sem autorização expressa do autor, do artista intérprete ou executante, do produtor, conforme o caso, ou de quem os represente:

Pena – reclusão, de 2 (dois) a 4 (quatro) anos, e multa.
* § 1º com redação dada pela Lei nº 10.695/2003.

§ 2º. Na mesma pena do § 1º incorre quem, com o intuito de lucro direto ou indireto, distribui, vende, expõe à venda, aluga, introduz no País, adquire, oculta, tem em depósito, original ou cópia de obra intelectual ou fonograma reproduzido com violação do direito de autor, do direito de artista intérprete ou executante ou do direito do produtor de fonograma, ou, ainda, aluga original ou cópia de obra intelectual ou fonograma, sem a expressa autorização dos titulares dos direitos ou de quem os represente.
* § 2º com redação dada pela Lei nº 10.695/2003.
* Vide Súmula 502 do STJ.

§ 3º. Se a violação consistir no oferecimento ao público, mediante cabo, fibra ótica, satélite, ondas ou qualquer outro sistema que permita ao usuário realizar a seleção da obra ou produção para recebê-la em um tempo e lugar previamente determinados por quem formula a demanda, com intuito de lucro, direto ou indireto, sem autorização expressa, conforme o caso, do autor, do artista intérprete ou executante, do produtor de fonograma, ou de quem os represente:
* § 3º, *caput*, com redação dada pela Lei nº 10.695/2003.

Pena – reclusão, de 2 (dois) a 4 (quatro) anos, e multa.
* Pena acrescida pela Lei nº 10.695/2003.

§ 4º. O disposto nos §§ 1º, 2º e 3º não se aplica quando se tratar de exceção ou limitação ao direito de autor ou os que lhe são conexos, em conformidade com o previsto na Lei nº 9.610, de 19 de fevereiro de 1998, nem a cópia de obra intelectual ou fonograma, em um só exemplar, para uso privado do copista, sem intuito de lucro direto ou indireto.
* § 4º acrescido pela Lei nº 10.695/2003.

Usurpação de nome ou pseudônimo alheio

Art. 185. (Revogado).
* Art. 185 revogado pela Lei nº 10.695/2003.

Art. 186. Procede-se mediante:
* Art. 186, *caput*, com redação dada pela Lei nº 10.695/2003.

I – queixa, nos crimes previstos no *caput* do art. 184;
* Inciso I acrescido pela Lei nº 10.695/2003.

II – ação penal pública incondicionada, nos crimes previstos nos §§ 1º e 2º do art. 184;
* Inciso II acrescido pela Lei nº 10.695/2003.

III – ação penal pública incondicionada, nos crimes cometidos em desfavor de entidades de direito público, autarquia, empresa pública, sociedade de economia

mista ou fundação instituída pelo Poder Público;
* Inciso III acrescido pela Lei nº 10.695/2003.

IV – ação penal pública condicionada à representação, nos crimes previstos no § 3º do art. 184.
* Inciso IV acrescido pela Lei nº 10.695/2003.

CAPÍTULO II
DOS CRIMES CONTRA O PRIVILÉGIO DE INVENÇÃO
* Capítulo II revogado pela Lei nº 9.279/1996.

Arts. 187 a 191. (Revogados).
* Arts. 187 a 191 revogados pela Lei nº 9.279/1996.

CAPÍTULO III
DOS CRIMES CONTRA AS MARCAS DE INDÚSTRIA E COMÉRCIO
* Capítulo III revogado pela Lei nº 9.279/1996.

Arts. 192 a 195. (Revogados).
* Arts. 192 a 195 revogados pela Lei nº 9.279/1996.

CAPÍTULO IV
DOS CRIMES DE CONCORRÊNCIA DESLEAL
* Capítulo IV revogado pela Lei nº 9.279/1996.

Art. 196. (Revogado).
* Art. 196 revogado pela Lei nº 9.279/1996.

TÍTULO IV
DOS CRIMES CONTRA A ORGANIZAÇÃO DO TRABALHO

Atentado contra a liberdade de trabalho

Art. 197. Constranger alguém, mediante violência ou grave ameaça:

I – a exercer ou não exercer arte, ofício, profissão ou indústria, ou a trabalhar ou não trabalhar durante certo período ou em determinados dias:

Pena – detenção, de 1 (um) mês a 1 (um) ano, e multa, além da pena correspondente à violência;

II – a abrir ou fechar o seu estabelecimento de trabalho, ou a participar de parede ou paralisação de atividade econômica:

Pena – detenção, de 3 (três) meses a 1 (um) ano, e multa, além da pena correspondente à violência.

Atentado contra a liberdade de contrato de trabalho e boicotagem violenta

Art. 198. Constranger alguém, mediante violência ou grave ameaça, a celebrar contrato de trabalho, ou a não fornecer a outrem ou não adquirir de outrem matéria-prima ou produto industrial ou agrícola:

Pena – detenção, de 1 (um) mês a 1 (um) ano, e multa, além da pena correspondente à violência.

Atentado contra a liberdade de associação

Art. 199. Constranger alguém, mediante violência ou grave ameaça, a participar ou deixar de participar de determinado sindicato ou associação profissional:

Pena – detenção, de 1 (um) mês a 1 (um) ano, e multa, além da pena correspondente à violência.

Paralisação de trabalho, seguida de violência ou perturbação da ordem

Art. 200. Participar de suspensão ou abandono coletivo de trabalho, praticando violência contra pessoa ou contra coisa:

Pena – detenção, de 1 (um) mês a 1 (um) ano, e multa, além da pena correspondente à violência.

Parágrafo único. Para que se considere coletivo o abandono de trabalho é indispensável o concurso de, pelo menos, 3 (três) empregados.

Paralisação de trabalho de interesse coletivo

Art. 201. Participar de suspensão ou abandono coletivo de trabalho, provocando a interrupção de obra pública ou serviço de interesse coletivo:

Pena – detenção, de 6 (seis) meses a 2 (dois) anos, e multa.

Invasão de estabelecimento industrial, comercial ou agrícola. Sabotagem

Art. 202. Invadir ou ocupar estabelecimento industrial, comercial ou agrícola, com o intuito de impedir ou embaraçar o curso normal do trabalho, ou com o mesmo fim danificar o estabelecimento ou as coisas nele existentes ou delas dispor:

Pena – reclusão, de 1 (um) a 3 (três) anos, e multa.

Frustração de direito assegurado por lei trabalhista

Art. 203. Frustrar, mediante fraude ou violência, direito assegurado pela legislação do trabalho:

Pena – detenção de 1 (um) ano a 2 (dois) anos, e multa, além da pena correspondente à violência.
* Pena com redação dada pela Lei nº 9.777/1998.

§ 1º. Na mesma pena incorre quem:

I – obriga ou coage alguém a usar mercadorias de determinado estabelecimento, para impossibilitar o desligamento do serviço em virtude de dívida;

II – impede alguém de se desligar de serviços de qualquer natureza, mediante coação ou por meio da retenção de seus documentos pessoais ou contratuais.
* § 1º acrescido pela Lei nº 9.777/1998.

§ 2º. A pena é aumentada de 1/6 (um sexto) a 1/3 (um terço) se a vítima é menor de 18 (dezoito) anos, idosa, gestante, indígena ou portadora de deficiência física ou mental.
* § 2º acrescido pela Lei nº 9.777/1998.

Frustração de lei sobre a nacionalização do trabalho

Art. 204. Frustrar, mediante fraude ou violência, obrigação legal relativa à nacionalização do trabalho:

Pena – detenção, de 1 (um) mês a 1 (um) ano, e multa, além da pena correspondente à violência.

Exercício de atividade com infração de decisão administrativa

Art. 205. Exercer atividade, de que está impedido por decisão administrativa:

Pena – detenção, de 3 (três) meses a 2 (dois) anos, ou multa.

Aliciamento para o fim de emigração

Art. 206. Recrutar trabalhadores, mediante fraude, com o fim de levá-los para território estrangeiro.

Pena – detenção, de 1 (um) a 3 (três) anos, e multa.
* Art. 206 com redação dada pela Lei nº 8.683/1993.

Aliciamento de trabalhadores de um local para outro do território nacional

Art. 207. Aliciar trabalhadores, com o fim de levá-los de uma para outra localidade do território nacional:

Pena – detenção de 1 (um) a 3 (três) anos, e multa.
* Pena com redação dada pela Lei nº 9.777/1998.

§ 1º. Incorre na mesma pena quem recrutar trabalhadores fora da localidade de execução do trabalho, dentro do território nacional, mediante fraude ou cobrança de qualquer quantia do trabalhador, ou, ainda, não assegurar condições do seu retorno ao local de origem.
* § 1º acrescido pela Lei nº 9.777/1998.

§ 2º. A pena é aumentada de 1/6 (um sexto) a 1/3 (um terço) se a vítima é menor de 18 (dezoito) anos, idosa, gestante, indígena ou portadora de deficiência física ou mental.
* § 2º acrescido pela Lei nº 9.777/1998.

TÍTULO V
DOS CRIMES CONTRA O SENTIMENTO RELIGIOSO E CONTRA O RESPEITO AOS MORTOS

CAPÍTULO I
DOS CRIMES CONTRA O SENTIMENTO RELIGIOSO

Ultraje a culto e impedimento ou perturbação de ato a ele relativo

Art. 208. Escarnecer de alguém publicamente, por motivo de crença ou função religiosa; impedir ou perturbar cerimônia ou prática de culto religioso; vilipendiar publicamente ato ou objeto de culto religioso:

Pena – detenção, de 1 (um) mês a 1 (um) ano, ou multa.

Parágrafo único. Se há emprego de violência, a pena é aumentada de 1/3 (um terço), sem prejuízo da correspondente à violência.

CAPÍTULO II
DOS CRIMES CONTRA O RESPEITO AOS MORTOS

Impedimento ou perturbação de cerimônia funerária

Art. 209. Impedir ou perturbar enterro ou cerimônia funerária:

Pena – detenção, de 1 (um) mês a 1 (um) ano, ou multa.

Parágrafo único. Se há emprego de violência, a pena é aumentada de 1/3 (um terço), sem prejuízo da correspondente à violência.

Violação de sepultura

Art. 210. Violar ou profanar sepultura ou urna funerária:

Pena – reclusão, de 1 (um) a 3 (três) anos, e multa.

Destruição, subtração ou ocultação de cadáver

Art. 211. Destruir, subtrair ou ocultar cadáver ou parte dele:

Pena – reclusão, de 1 (um) a 3 (três) anos, e multa.

Vilipêndio a cadáver

Art. 212. Vilipendiar cadáver ou suas cinzas:

Pena – detenção, de 1 (um) a 3 (três) anos, e multa.

TÍTULO VI
DOS CRIMES CONTRA A DIGNIDADE SEXUAL

- Título VI com denominação dada pela Lei nº 12.015/2009.

CAPÍTULO I
DOS CRIMES CONTRA A LIBERDADE SEXUAL

- Capítulo I com denominação dada pela Lei nº 12.015/2009.
- V. art. 225 do CP.

Estupro

Art. 213. Constranger alguém, mediante violência ou grave ameaça, a ter conjunção carnal ou a praticar ou permitir que com ele se pratique outro ato libidinoso:

Pena – reclusão, de 6 (seis) a 10 (dez) anos.

- Art. 213, *caput*, com redação dada pela Lei nº 12.015/2009.

§ 1º. Se da conduta resulta lesão corporal de natureza grave ou se a vítima é menor de 18 (dezoito) ou maior de 14 (catorze) anos:

Pena – reclusão, de 8 (oito) a 12 (doze) anos.

- § 1º acrescido pela Lei nº 12.015/2009.
- Vide Súmula 593 do STJ.

§ 2º. Se da conduta resulta morte:

Pena – reclusão, de 12 (doze) a 30 (trinta) anos.

- § 2º acrescido pela Lei nº 12.015/2009.

Art. 214. (Revogado).
- Art. 214 revogado pela Lei nº 12.015/2009.

Violação sexual mediante fraude
- Item com redação dada pela Lei nº 12.015/2009.

Art. 215. Ter conjunção carnal ou praticar outro ato libidinoso com alguém, mediante fraude ou outro meio que impeça ou dificulte a livre manifestação de vontade da vítima:

Pena – reclusão, de 2 (dois) a 6 (seis) anos.

Parágrafo único. Se o crime é cometido com o fim de obter vantagem econômica, aplica-se também multa.
- Art. 215 com redação dada pela Lei nº 12.015/2009.

Importunação sexual

Art. 215-A. Praticar contra alguém e sem a sua anuência ato libidinoso com o objetivo de satisfazer a própria lascívia ou a de terceiro:

Pena – reclusão, de 1 (um) a 5 (cinco) anos, se o ato não constitui crime mais grave.
- Art. 215-A acrescido pela Lei nº 13.718/2018.

Art. 216. (Revogado).
- Art. 216 revogado pela Lei nº 12.015/2009.

Assédio sexual
- Item acrescido pela Lei nº 10.224/2001.

Art. 216-A. Constranger alguém com o intuito de obter vantagem ou favorecimento sexual, prevalecendo-se o agente da sua condição de superior hierárquico ou ascendência inerentes ao exercício de emprego, cargo ou função.

Pena – detenção, de 1 (um) a 2 (dois) anos.
- Art. 216-A, *caput*, acrescido pela Lei nº 10.224/2001.

Parágrafo único. (Vetado).
- Parágrafo único acrescido pela Lei nº 10.224/2001.

§ 2º. A pena é aumentada em até 1/3 (um terço) se a vítima é menor de 18 (dezoito) anos.
- § 2º acrescido pela Lei nº 12.015/2009.

CAPÍTULO I-A
DA EXPOSIÇÃO DA INTIMIDADE SEXUAL
- Capítulo I-A acrescido pela Lei nº 13.772/2018.

Registro não autorizado da intimidade sexual

Art. 216-B. Produzir, fotografar, filmar ou registrar, por qualquer meio, conteúdo com cena de nudez ou ato sexual ou libidinoso de caráter íntimo e privado sem autorização dos participantes:

Pena – detenção, de 6 (seis) meses a 1 (um) ano, e multa.

Parágrafo único. Na mesma pena incorre quem realiza montagem em fotografia, vídeo, áudio ou qualquer outro registro com o fim de incluir pessoa em cena de nudez ou ato sexual ou libidinoso de caráter íntimo.
- Art. 216-B acrescido pela Lei nº 13.772/2018.

CAPÍTULO II
DOS CRIMES SEXUAIS CONTRA VULNERÁVEL
- Capítulo II com denominação dada pela Lei nº 12.015/2009.
- V. art. 225 do CP.

Sedução
Art. 217. (Revogado).
- Art. 217 revogado pela Lei nº 11.106/2005.

Estupro de vulnerável
- Item acrescido pela Lei nº 12.015/2009.

Art. 217-A. Ter conjunção carnal ou praticar outro ato libidinoso com menor de 14 (catorze) anos:
- Vide Súmula 593 do STJ.

Pena – reclusão, de 8 (oito) a 15 (quinze) anos.

§ 1º. Incorre na mesma pena quem pratica as ações descritas no *caput* com alguém que, por enfermidade ou deficiência mental, não tem o necessário discernimento para a prática do ato, ou que, por qualquer outra causa, não pode oferecer resistência.

§ 2º. (Vetado).

§ 3º. Se da conduta resulta lesão corporal de natureza grave:

Pena – reclusão, de 10 (dez) a 20 (vinte) anos.

§ 4º. Se da conduta resulta morte:

Pena – reclusão, de 12 (doze) a 30 (trinta) anos.
- Art. 217-A acrescido pela Lei nº 12.015/2009.

§ 5º. As penas previstas no *caput* e nos §§ 1º, 3º e 4º deste artigo aplicam-se independentemente do consentimento da vítima ou do fato de ela ter mantido relações sexuais anteriormente ao crime.
- § 5º acrescido pela Lei nº 13.718/2018.

Corrupção de menores
Art. 218. Induzir alguém menor de 14 (catorze) anos a satisfazer a lascívia de outrem:

Pena – reclusão, de 2 (dois) a 5 (cinco) anos.
- Art. 218, *caput*, com redação dada pela Lei nº 12.015/2009.
- V. art. 227 do CP.

Parágrafo único. (Vetado).
- Parágrafo único acrescido pela Lei nº 12.015/2009.
- Vide Súmula 500 do STJ.

Satisfação de lascívia mediante presença de criança ou adolescente
- Item acrescido pela Lei nº 12.015/2009.

Art. 218-A. Praticar, na presença de alguém menor de 14 (catorze) anos, ou induzi-lo a presenciar, conjunção carnal ou outro ato libidinoso, a fim de satisfazer lascívia própria ou de outrem:

Pena – reclusão, de 2 (dois) a 4 (quatro) anos.
- Art. 218-A acrescido pela Lei nº 12.015/2009.

Favorecimento da prostituição ou de outra forma de exploração sexual de criança ou adolescente ou de vulnerável
- Item com redação dada pela Lei nº 12.978/2014.

Art. 218-B. Submeter, induzir ou atrair à prostituição ou outra forma de exploração sexual alguém menor de 18 (dezoito) anos ou que, por enfermidade ou deficiência mental, não tem o necessário discernimento para a prática do ato, facilitá-la, impedir ou dificultar que a abandone:

Pena – reclusão, de 4 (quatro) a 10 (dez) anos.
• V. art. 228 do CP.

§ 1º. Se o crime é praticado com o fim de obter vantagem econômica, aplica-se também multa.

§ 2º. Incorre nas mesmas penas:

I – quem pratica conjunção carnal ou outro ato libidinoso com alguém menor de 18 (dezoito) e maior de 14 (catorze) anos na situação descrita no *caput* deste artigo;

II – o proprietário, o gerente ou o responsável pelo local em que se verifiquem as práticas referidas no *caput* deste artigo.

§ 3º. Na hipótese do inciso II do § 2º, constitui efeito obrigatório da condenação a cassação da licença de localização e de funcionamento do estabelecimento.
• Art. 218-B acrescido pela Lei nº 12.015/2009.

Divulgação de cena de estupro ou de cena de estupro de vulnerável, de cena de sexo ou de pornografia

Art. 218-C. Oferecer, trocar, disponibilizar, transmitir, vender ou expor à venda, distribuir, publicar ou divulgar, por qualquer meio – inclusive por meio de comunicação de massa ou sistema de informática ou telemática –, fotografia, vídeo ou outro registro audiovisual que contenha cena de estupro ou de estupro de vulnerável ou que faça apologia ou induza a sua prática, ou, sem o consentimento da vítima, cena de sexo, nudez ou pornografia:

Pena – reclusão, de 1 (um) a 5 (cinco) anos, se o fato não constitui crime mais grave.
• Art. 218-C, *caput*, acrescido pela Lei nº 13.718/2018.

Aumento de pena

§ 1º. A pena é aumentada de 1/3 (um terço) a 2/3 (dois terços) se o crime é praticado por agente que mantém ou tenha mantido relação íntima de afeto com a vítima ou com o fim de vingança ou humilhação.
• § 1º acrescido pela Lei nº 13.718/2018.

Exclusão de ilicitude

§ 2º. Não há crime quando o agente pratica as condutas descritas no *caput* deste artigo em publicação de natureza jornalística, científica, cultural ou acadêmica com a adoção de recurso que impossibilite a identificação da vítima, ressalvada sua prévia autorização, caso seja maior de 18 (dezoito) anos.
• § 2º acrescido pela Lei nº 13.718/2018.

CAPÍTULO III
DO RAPTO

Arts. 219 a 222. (Revogados).
* Arts. 219 a 222 revogados pela Lei nº 11.106/2005.

CAPÍTULO IV
DISPOSIÇÕES GERAIS

Arts. 223 e 224. (Revogados).
* Arts. 223 e 224 revogados pela Lei nº 12.015/2009.

Ação penal

Art. 225. Nos crimes definidos nos Capítulos I e II deste Título, procede-se mediante ação penal pública incondicionada.
* Art. 225, *caput*, com redação dada pela Lei nº 13.718/2018.

Parágrafo único. (Revogado).
* Parágrafo único revogado pela Lei nº 13.718/2018.

Aumento de pena

Art. 226. A pena é aumentada:
* Art. 226, *caput*, com redação dada pela Lei nº 11.106/2005.

I – de quarta parte, se o crime é cometido com o concurso de 2 (duas) ou mais pessoas;
* Inciso I com redação dada pela Lei nº 11.106/2005.

II – de metade, se o agente é ascendente, padrasto ou madrasta, tio, irmão, cônjuge, companheiro, tutor, curador, preceptor ou empregador da vítima ou por qualquer outro título tiver autoridade sobre ela;
* Inciso II com redação dada pela Lei nº 13.718/2018.

III – (revogado).
* Inciso III revogado pela Lei nº 11.106/2005.

IV – de 1/3 (um terço) a 2/3 (dois terços), se o crime é praticado:
* Inciso IV, *caput*, acrescido pela Lei nº 13.718/2018.

Estupro coletivo

a) mediante concurso de 2 (dois) ou mais agentes;
* Alínea "a" acrescida pela Lei nº 13.718/2018.

Estupro corretivo

b) para controlar o comportamento social ou sexual da vítima.
* Alínea "b" acrescida pela Lei nº 13.718/2018.

CAPÍTULO V
DO LENOCÍNIO E DO TRÁFICO DE PESSOA PARA FIM DE PROSTITUIÇÃO OU OUTRA FORMA DE EXPLORAÇÃO SEXUAL
* Capítulo V com denominação dada pela Lei nº 12.015/2009.

Mediação para servir a lascívia de outrem

Art. 227. Induzir alguém a satisfazer a lascívia de outrem:

Pena – reclusão, de 1 (um) a 3 (três) anos.
* V. art. 218 do CP.

§ 1º. Se a vítima é maior de 14 (catorze) e menor de 18 (dezoito) anos, ou se o agente é seu ascendente, descendente, cônjuge ou companheiro, irmão, tutor ou curador ou pessoa a quem esteja confiada para fins de educação, de tratamento ou de guarda:
* § 1º com redação dada pela Lei nº 11.106/2005.

Pena – reclusão, de 2 (dois) a 5 (cinco) anos.
* V. art. 231, § 1º, do CP.

§ 2º. Se o crime é cometido com emprego de violência, grave ameaça ou fraude:

Pena – reclusão, de 2 (dois) a 8 (oito) anos, além da pena correspondente à violência.

§ 3º. Se o crime é cometido com o fim de lucro, aplica-se também multa.

Favorecimento da prostituição ou outra forma de exploração sexual
- Item com redação dada pela Lei nº 12.015/2009.

Art. 228. Induzir ou atrair alguém à prostituição ou outra forma de exploração sexual, facilitá-la, impedir ou dificultar que alguém a abandone:

Pena – reclusão, de 2 (dois) a 5 (cinco) anos, e multa.
- Art. 228, *caput*, com redação dada pela Lei nº 12.015/2009.
- V. art. 218-B do CP.

§ 1º. Se o agente é ascendente, padrasto, madrasta, irmão, enteado, cônjuge, companheiro, tutor ou curador, preceptor ou empregador da vítima, ou se assumiu, por lei ou outra forma, obrigação de cuidado, proteção ou vigilância:

Pena – reclusão, de 3 (três) a 8 (oito) anos.
- § 1º com redação dada pela Lei nº 12.015/2009.

§ 2º. Se o crime, é cometido com emprego de violência, grave ameaça ou fraude:

Pena – reclusão, de 4 (quatro) a 10 (dez) anos, além da pena correspondente à violência.

§ 3º. Se o crime é cometido com o fim de lucro, aplica-se também multa.

Casa de prostituição

Art. 229. Manter, por conta própria ou de terceiro, estabelecimento em que ocorra exploração sexual, haja, ou não, intuito de lucro ou mediação direta do proprietário ou gerente:
- Art. 229, *caput*, com redação dada pela Lei nº 12.015/2009.

Pena – reclusão, de (dois) a 5 (cinco) anos, e multa.

Rufianismo

Art. 230. Tirar proveito da prostituição alheia, participando diretamente de seus lucros ou fazendo-se sustentar, no todo ou em parte, por quem a exerça:

Pena – reclusão, de 1 (um) a 4 (quatro) anos, e multa.

§ 1º. Se a vítima é menor de 18 (dezoito) e maior de 14 (catorze) anos ou se o crime é cometido por ascendente, padrasto, madrasta, irmão, enteado, cônjuge, companheiro, tutor ou curador, preceptor ou empregador da vítima, ou por quem assumiu, por lei ou outra forma, obrigação de cuidado, proteção ou vigilância:

Pena – reclusão, de 3 (três) a 6 (seis) anos, e multa.
- § 1º com redação dada pela Lei nº 12.015/2009.

§ 2º. Se o crime é cometido mediante violência, grave ameaça, fraude ou outro meio que impeça ou dificulte a livre manifestação da vontade da vítima:

Pena – reclusão, de 2 (dois) a 8 (oito) anos, sem prejuízo da pena correspondente à violência.
* § 2º com redação dada pela Lei nº 12.015/2009.

Arts. 231 e 231-A. (Revogados).
* Arts. 231 e 231-A revogados pela Lei nº 13.344/2016.

Art. 232. (Revogado).
* Art. 232 revogado pela Lei nº 12.015/2009.

Promoção de migração ilegal

Art. 232-A. Promover, por qualquer meio, com o fim de obter vantagem econômica, a entrada ilegal de estrangeiro em território nacional ou de brasileiro em país estrangeiro:
* Art. 232-A, *caput*, acrescido pela Lei nº 13.445/2017.

Pena – reclusão, de 2 (dois) a 5 (cinco) anos, e multa.
* Pena acrescida pela Lei nº 13.445/2017.

§ 1º. Na mesma pena incorre quem promover, por qualquer meio, com o fim de obter vantagem econômica, a saída de estrangeiro do território nacional para ingressar ilegalmente em país estrangeiro.
* § 1º acrescido pela Lei nº 13.445/2017.

§ 2º. A pena é aumentada de 1/6 (um sexto) a 1/3 (um terço) se:

I – o crime é cometido com violência; ou

II – a vítima é submetida a condição desumana ou degradante.
* § 2º acrescido pela Lei nº 13.445/2017.

§ 3º. A pena prevista para o crime será aplicada sem prejuízo das correspondentes às infrações conexas.
* § 3º acrescido pela Lei nº 13.445/2017.

CAPÍTULO VI
DO ULTRAJE PÚBLICO AO PUDOR

Ato obsceno

Art. 233. Praticar ato obsceno em lugar público, ou aberto ou exposto ao público:

Pena – detenção, de 3 (três) meses a 1 (um) ano, ou multa.

Escrito ou objeto obsceno

Art. 234. Fazer, importar, exportar, adquirir ou ter sob sua guarda, para fim de comércio, de distribuição ou de exposição pública, escrito, desenho, pintura, estampa ou qualquer objeto obsceno:

Pena – detenção, de 6 (seis) meses a 2 (dois) anos, ou multa.

Parágrafo único. Incorre na mesma pena quem:

I – vende, distribui ou expõe à venda ou ao público qualquer dos objetos referidos neste artigo;

II – realiza, em lugar público ou acessível ao público, representação teatral, ou exibição cinematográfica de caráter obsceno, ou qualquer outro espetáculo, que tenha o mesmo caráter;

III – realiza, em lugar público ou acessível ao público, ou pelo rádio, audição ou recitação de caráter obsceno.

CAPÍTULO VII
DISPOSIÇÕES GERAIS
- Capítulo VII acrescido pela Lei nº 12.015/2009.

Aumento de pena
- Item acrescido pela Lei nº 12.015/2009.

Art. 234-A. Nos crimes previstos neste Título a pena é aumentada:
- Art. 234-A, *caput*, acrescido pela Lei nº 12.015/2009.

I – (vetado);
- Inciso I acrescido pela Lei nº 12.015/2009.

II – (vetado);
- Inciso II acrescido pela Lei nº 12.015/2009.

III – de metade a 2/3 (dois terços), se do crime resulta gravidez;
- Inciso III com redação dada pela Lei nº 13.718/2018.

IV – de 1/3 (um terço) a 2/3 (dois terços), se o agente transmite à vítima doença sexualmente transmissível de que sabe ou deveria saber ser portador, ou se a vítima é idosa ou pessoa com deficiência.
- Inciso IV com redação dada pela Lei nº 13.718/2018.
- V. art. 130 do CP.

Art. 234-B. Os processos em que se apuram crimes definidos neste Título correrão em segredo de justiça.
- Art. 234-B, *caput*, acrescido pela Lei nº 12.015/2009.

§ 1º. O sistema de consulta processual tornará de acesso público o nome completo do réu, seu número de inscrição no Cadastro de Pessoas Físicas (CPF) e a tipificação penal do fato a partir da condenação em primeira instância pelos crimes tipificados nos arts. 213, 216-B, 217-A, 218-B, 227, 228, 229 e 230 deste Código, inclusive com os dados da pena ou da medida de segurança imposta, ressalvada a possibilidade de o juiz fundamentadamente determinar a manutenção do sigilo.
- § 1º acrescido pela Lei nº 15.035/2024.

§ 2º. Caso o réu seja absolvido em grau recursal, será restabelecido o sigilo sobre as informações a que se refere o § 1º deste artigo.
- § 2º acrescido pela Lei nº 15.035/2024.

§ 3º. O réu condenado passará a ser monitorado por dispositivo eletrônico.
- § 3º acrescido pela Lei nº 15.035/2024.

Art. 234-C. (Vetado).
- Art. 234-C acrescido pela Lei nº 12.015/2009.

TÍTULO VII
DOS CRIMES CONTRA A FAMÍLIA

CAPÍTULO I
DOS CRIMES CONTRA O CASAMENTO

Bigamia

Art. 235. Contrair alguém, sendo casado, novo casamento:

Pena – reclusão, de 2 (dois) a 6 (seis) anos.
- V. art. 111, IV, do CP.

§ 1º. Aquele que, não sendo casado, contrai casamento com pessoa casada, conhecendo essa circunstância, é punido com reclusão ou detenção, de 1 (um) a 3 (três) anos.

§ 2º. Anulado por qualquer motivo o primeiro casamento, ou o outro por motivo que não a bigamia, considera-se inexistente o crime.

Induzimento a erro essencial e ocultação de impedimento

Art. 236. Contrair casamento, induzindo em erro essencial o outro contraente, ou ocultando-lhe impedimento que não seja casamento anterior:

Pena – detenção, de 6 (seis) meses a 2 (dois) anos.

Parágrafo único. A ação penal depende de queixa do contraente enganado e não pode ser intentada senão depois de transitar em julgado a sentença que, por motivo de erro ou impedimento, anule o casamento.

Conhecimento prévio de impedimento

Art. 237. Contrair casamento, conhecendo a existência de impedimento que lhe cause a nulidade absoluta:

Pena – detenção, de 3 (três) meses a 1 (um) ano.

Simulação de autoridade para celebração de casamento

Art. 238. Atribuir-se falsamente autoridade para celebração de casamento:

Pena – detenção, de 1 (um) a 3 (três) anos, se o fato não constitui crime mais grave.

Simulação de casamento

Art. 239. Simular casamento mediante engano de outra pessoa:

Pena – detenção, de 1 (um) a 3 (três) anos, se o fato não constitui elemento de crime mais grave.

Art. 240. (Revogado).
- Art. 240 revogado pela Lei nº 11.106/2005.

CAPÍTULO II
DOS CRIMES CONTRA O ESTADO DE FILIAÇÃO

Registro de nascimento inexistente

Art. 241. Promover no registro civil a inscrição de nascimento inexistente:

Pena – reclusão, de 2 (dois) a 6 (seis) anos.

Parto suposto. Supressão ou alteração de direito inerente ao estado civil de recém-nascido

Art. 242. Dar parto alheio como próprio; registrar como seu o filho de outrem; ocultar recém-nascido ou substituí-lo, suprimindo ou alterando direito inerente ao estado civil:

Pena – reclusão, de 2 (dois) a 6 (seis) anos.
- V. art. 134 do CP.

Parágrafo único. Se o crime é praticado por motivo de reconhecida nobreza:

Pena – detenção, de 1 (um) a 2 (dois) anos, podendo o juiz deixar de aplicar a pena.
* Art. 242 com redação dada pela Lei nº 6.898/1981.
* V. art. 107, IX; e 120 do CP.
* Vide Súmula 18 do STJ.

Sonegação de estado de filiação

Art. 243. Deixar em asilo de expostos ou outra instituição de assistência filho próprio ou alheio, ocultando-lhe a filiação ou atribuindo-lhe outra, com o fim de prejudicar direito inerente ao estado civil:

Pena – reclusão, de 1 (um) a 5 (cinco) anos, e multa.

CAPÍTULO III
DOS CRIMES CONTRA A ASSISTÊNCIA FAMILIAR

Abandono material

Art. 244. Deixar, sem justa causa, de prover a subsistência do cônjuge, ou de filho menor de 18 (dezoito) anos ou inapto para o trabalho, ou de ascendente inválido ou maior de 60 (sessenta) anos, não lhes proporcionando os recursos necessários ou faltando ao pagamento de pensão alimentícia judicialmente acordada, fixada ou majorada; deixar, sem justa causa, de socorrer descendente ou ascendente, gravemente enfermo:
* Art. 244, *caput*, com redação dada pela Lei nº 10.741/2003.

Pena – detenção, de 1 (um) a 4 (quatro) anos e multa, de 1 (uma) a 10 (dez) vezes o maior salário-mínimo vigente no País.
* Pena com redação dada pela Lei nº 5.478/1968.

Parágrafo único. Nas mesmas penas incide quem, sendo solvente, frustra ou ilide, de qualquer modo, inclusive por abandono injustificado de emprego ou função, o pagamento de pensão alimentícia judicialmente acordada, fixada ou majorada.
* Parágrafo único acrescido pela Lei nº 5.478/1968.

Entrega de filho menor a pessoa inidônea

Art. 245. Entregar filho menor de 18 (dezoito) anos a pessoa em cuja companhia saiba ou deva saber que o menor fica moral ou materialmente em perigo:

Pena – detenção, de 1 (um) a 2 (dois) anos.
* Art. 245, *caput*, com redação dada pela Lei nº 7.251/1984.

§ 1º. A pena é de 1 (um) a 4 (quatro) anos de reclusão, se o agente pratica delito para obter lucro, ou se o menor é enviado para o exterior.
* § 1º acrescido pela Lei nº 7.251/1984.

§ 2º. Incorre, também, na pena do parágrafo anterior quem, embora excluído o perigo moral ou material, auxilia a efetivação de ato destinado ao envio de menor para o exterior, com o fito de obter lucro.
* § 2º acrescido pela Lei nº 7.251/1984.

Abandono intelectual

Art. 246. Deixar, sem justa causa, de prover à instrução primária de filho em idade escolar:

Pena – detenção, de 15 (quinze) dias a 1 (um) mês, ou multa.

Art. 247. Permitir alguém que menor de 18 (dezoito) anos, sujeito a seu poder ou confiado à sua guarda ou vigilância:

I – frequente casa de jogo ou mal-afamada, ou conviva com pessoa viciosa ou de má vida;

II – frequente espetáculo capaz de pervertê-lo ou de ofender-lhe o pudor, ou participe de representação de igual natureza;

III – resida ou trabalhe em casa de prostituição;

IV – mendigue ou sirva a mendigo para excitar a comiseração pública:

Pena – detenção, de 1 (um) a 3 (três) meses, ou multa.

CAPÍTULO IV
DOS CRIMES CONTRA O PÁTRIO PODER♦, TUTELA OU CURATELA

♦ Atual denominação: "poder familiar", nos termos do CC/2002.

Induzimento a fuga, entrega arbitrária ou sonegação de incapazes

Art. 248. Induzir menor de 18 (dezoito) anos, ou interdito, a fugir do lugar em que se acha por determinação de quem sobre ele exerce autoridade, em virtude de lei ou de ordem judicial; confiar a outrem sem ordem do pai, do tutor ou do curador algum menor de 18 (dezoito) anos ou interdito, ou deixar, sem justa causa, de entregá-lo a quem legitimamente o reclame:

Pena – detenção, de 1 (um) mês a 1 (um) ano, ou multa.

Subtração de incapazes

Art. 249. Subtrair menor de 18 (dezoito) anos ou interdito ao poder de quem o tem sob sua guarda em virtude de lei ou de ordem judicial:

Pena – detenção, de 2 (dois) meses a 2 (dois) anos, se o fato não constitui elemento de outro crime.

§ 1º. O fato de ser o agente pai ou tutor do menor ou curador do interdito não o exime de pena, se destituído ou temporariamente privado do pátrio poder♦, tutela, curatela ou guarda.

♦ Atual denominação: "poder familiar", nos termos do CC/2002.

§ 2º. No caso de restituição do menor ou do interdito, se este não sofreu maus-tratos ou privações, o juiz pode deixar de aplicar pena.

TÍTULO VIII
DOS CRIMES CONTRA A INCOLUMIDADE PÚBLICA

CAPÍTULO I
DOS CRIMES DE PERIGO COMUM

Incêndio

Art. 250. Causar incêndio, expondo a perigo a vida, a integridade física ou o patrimônio de outrem:

Pena – reclusão, de 3 (três) a 6 (seis) anos, e multa.

Aumento de pena

§ 1º. As penas aumentam-se de 1/3 (um terço):

I – se o crime é cometido com intuito de obter vantagem pecuniária em proveito próprio ou alheio;

II – se o incêndio é:

a) em casa habitada ou destinada a habitação;

b) em edifício público ou destinado a uso público ou a obra de assistência social ou de cultura;

c) em embarcação, aeronave, comboio ou veículo de transporte coletivo;

d) em estação ferroviária ou aeródromo;

e) em estaleiro, fábrica ou oficina;

f) em depósito de explosivo, combustível ou inflamável;

g) em poço petrolífero ou galeria de mineração;

h) em lavoura, pastagem, mata ou floresta.

Incêndio culposo

§ 2º. Se culposo o incêndio, a pena é de detenção, de 6 (seis) meses a 2 (dois) anos.

Explosão

Art. 251. Expor a perigo a vida, a integridade física ou o patrimônio de outrem, mediante explosão, arremesso ou simples colocação de engenho de dinamite ou de substância de efeitos análogos:

Pena – reclusão, de 3 (três) a 6 (seis) anos, e multa.

§ 1º. Se a substância utilizada não é dinamite ou explosivo de efeitos análogos:

Pena – reclusão, de 1 (um) a 4 (quatro) anos, e multa.

Aumento de pena

§ 2º. As penas aumentam-se de 1/3 (um terço), se ocorre qualquer das hipóteses previstas no § 1º, I, do artigo anterior, ou é visada ou atingida qualquer das coisas enumeradas no nº II do mesmo parágrafo.

Modalidade culposa

§ 3º. No caso de culpa, se a explosão é de dinamite ou substância de efeitos análogos, a pena é de detenção, de 6 (seis) meses a 2 (dois) anos; nos demais casos, é de detenção, de 3 (três) meses a 1 (um) ano.

Uso de gás tóxico ou asfixiante

Art. 252. Expor a perigo a vida, a integridade física ou o patrimônio de outrem, usando de gás tóxico ou asfixiante:

Pena – reclusão, de 1 (um) a 4 (quatro) anos, e multa.

Modalidade culposa

Parágrafo único. Se o crime é culposo:

Pena – detenção, de 3 (três) meses a 1 (um) ano.

Fabrico, fornecimento, aquisição, posse ou transporte de explosivos ou gás tóxico, ou asfixiante

Art. 253. Fabricar, fornecer, adquirir, possuir ou transportar, sem licença da autoridade, substância ou engenho explosivo, gás tóxico ou asfixiante, ou material destinado à sua fabricação:

Pena – detenção, de 6 (seis) meses a 2 (dois) anos, e multa.
• V. art. 258 do CP.

Inundação

Art. 254. Causar inundação, expondo a perigo a vida, a integridade física ou o patrimônio de outrem:

Pena – reclusão, de 3 (três) a 6 (seis) anos, e multa, no caso de dolo, ou detenção, de 6 (seis) meses a 2 (dois) anos, no caso de culpa.

Perigo de inundação

Art. 255. Remover, destruir ou inutilizar, em prédio próprio ou alheio, expondo a perigo a vida, a integridade física ou o patrimônio de outrem, obstáculo natural ou obra destinada a impedir inundação:

Pena – reclusão, de 1 (um) a 3 (três) anos, e multa.

Desabamento ou desmoronamento

Art. 256. Causar desabamento ou desmoronamento, expondo a perigo a vida, a integridade física ou o patrimônio de outrem:

Pena – reclusão, de 1 (um) a 4 (quatro) anos, e multa.

Modalidade culposa

Parágrafo único. Se o crime é culposo:

Pena – detenção, de 6 (seis) meses a 1 (um) ano.

Subtração, ocultação ou inutilização de material de salvamento

Art. 257. Subtrair, ocultar ou inutilizar, por ocasião de incêndio, inundação, naufrágio, ou outro desastre ou calamidade, aparelho, material ou qualquer meio destinado a serviço de combate ao perigo, de socorro ou salvamento; ou impedir ou dificultar serviço de tal natureza:

Pena – reclusão, de 2 (dois) a 5 (cinco) anos, e multa.

Formas qualificadas de crime de perigo comum

Art. 258. Se do crime doloso de perigo comum resulta lesão corporal de natureza grave, a pena privativa de liberdade é aumentada de metade; se resulta morte, é aplicada em dobro. No caso de culpa, se do fato resulta lesão corporal, a pena aumenta-se de metade; se resulta morte, aplica-se a pena cominada ao homicídio culposo, aumentada de 1/3 (um terço).
• V. art. 285 do CP.

Difusão de doença ou praga

Art. 259. Difundir doença ou praga que possa causar dano a floresta, plantação ou animais de utilidade econômica:

Pena – reclusão, de 2 (dois) a 5 (cinco) anos, e multa.

Modalidade culposa

Parágrafo único. No caso de culpa, a pena é de detenção, de 1 (um) a 6 (seis) meses, ou multa.

CAPÍTULO II
DOS CRIMES CONTRA A SEGURANÇA DOS MEIOS DE COMUNICAÇÃO E TRANSPORTE E OUTROS SERVIÇOS PÚBLICOS

Perigo de desastre ferroviário

Art. 260. Impedir ou perturbar serviço de estrada de ferro:
• V. art. 263 do CP.

I – destruindo, danificando ou desarranjando, total ou parcialmente, linha férrea, material rodante ou de tração, obra de arte ou instalação;

II – colocando obstáculo na linha;

III – transmitindo falso aviso acerca do movimento dos veículos ou interrompendo ou embaraçando o funcionamento de telégrafo, telefone ou radiotelegrafia;

IV – praticando outro ato de que possa resultar desastre:

Pena – reclusão, de 2 (dois) a 5 (cinco) anos, e multa.

Desastre ferroviário

§ 1º. Se do fato resulta desastre:

Pena – reclusão, de 4 (quatro) a 12 (doze) anos, e multa.

§ 2º. No caso de culpa, ocorrendo desastre:

Pena – detenção, de 6 (seis) meses a 2 (dois) anos.

§ 3º. Para os efeitos deste artigo, entende-se por estrada de ferro qualquer via de comunicação em que circulem veículos de tração mecânica, em trilhos ou por meio de cabo aéreo.

Atentado contra a segurança de transporte marítimo, fluvial ou aéreo

Art. 261. Expor a perigo embarcação ou aeronave, própria ou alheia, ou praticar qualquer ato tendente a impedir ou dificultar navegação marítima, fluvial ou aérea:

Pena – reclusão, de 2 (dois) a 5 (cinco) anos.
- V. art. 263 do CP.

Sinistro em transporte marítimo, fluvial ou aéreo

§ 1º. Se do fato resulta naufrágio, submersão ou encalhe de embarcação ou a queda ou destruição de aeronave:

Pena – reclusão, de 4 (quatro) a 12 (doze) anos.

Prática do crime com o fim de lucro

§ 2º. Aplica-se, também, a pena de multa, se o agente pratica o crime com intuito de obter vantagem econômica, para si ou para outrem.

Modalidade culposa

§ 3º. No caso de culpa, se ocorre o sinistro:

Pena – detenção, de 6 (seis) meses a 2 (dois) anos.

Atentado contra a segurança de outro meio de transporte

Art. 262. Expor a perigo outro meio de transporte público, impedir-lhe ou dificultar-lhe o funcionamento:
- V. art. 263 do CP.

Pena – detenção, de 1 (um) a 2 (dois) anos.

§ 1º. Se do fato resulta desastre, a pena é de reclusão, de 2 (dois) a 5 (cinco) anos.

§ 2º. No caso de culpa, se ocorre desastre:

Pena – detenção, de 3 (três) meses a 1 (um) ano.

Forma qualificada

Art. 263. Se de qualquer dos crimes previstos nos arts. 260 a 262, no caso de desastre ou sinistro, resulta lesão corporal ou morte, aplica-se o disposto no art. 258.

Arremesso de projétil

Art. 264. Arremessar projétil contra veículo, em movimento, destinado ao transporte público por terra, por água ou pelo ar:

Pena – detenção, de 1 (um) a 6 (seis) meses.

Parágrafo único. Se do fato resulta lesão corporal, a pena é de detenção, de 6 (seis) meses a 2 (dois) anos; se resulta morte, a pena é a do art. 121, § 3º, aumentada de 1/3 (um terço).

Atentado contra a segurança de serviço de utilidade pública

Art. 265. Atentar contra a segurança ou o funcionamento de serviço de água, luz, força ou calor, ou qualquer outro de utilidade pública:

Pena – reclusão, de 1 (um) a 5 (cinco) anos, e multa.

Parágrafo único. Aumentar-se-á a pena de 1/3 (um terço) até a metade, se o dano ocorrer em virtude de subtração de material essencial ao funcionamento dos serviços.
- Parágrafo único acrescido pela Lei nº 5.346/1967.

Interrupção ou perturbação de serviço telegráfico, telefônico, informático, telemático ou de informação de utilidade pública
- Item com redação dada pela Lei nº 12.737/2012.

Art. 266. Interromper ou perturbar serviço telegráfico, radiotelegráfico ou telefônico, impedir ou dificultar-lhe o restabelecimento:

Pena – detenção, de 1 (um) a 3 (três) anos, e multa.

§ 1º. Incorre na mesma pena quem interrompe serviço telemático ou de informação de utilidade pública, ou impede ou dificulta-lhe o restabelecimento.
- § 1º acrescido pela Lei nº 12.737/2012.

§ 2º. Aplicam-se as penas em dobro se o crime é cometido por ocasião de calamidade pública.
- § 2º acrescido pela Lei nº 12.737/2012.

CAPÍTULO III
DOS CRIMES CONTRA A SAÚDE PÚBLICA

Epidemia

Art. 267. Causar epidemia, mediante a propagação de germes patogênicos:

Pena – reclusão, de 10 (dez) a 15 (quinze) anos.
- Pena com redação dada pela Lei nº 8.072/1990.

§ 1º. Se do fato resulta morte, a pena é aplicada em dobro.

§ 2º. No caso de culpa, a pena é de detenção, de 1 (um) a 2 (dois) anos, ou, se resulta morte, de 2 (dois) a 4 (quatro) anos.
- V. art. 285 do CP.

Infração de medida sanitária preventiva

Art. 268. Infringir determinação do poder público, destinada a impedir introdução ou propagação de doença contagiosa:

Pena – detenção, de 1 (um) mês a 1 (um) ano, e multa.

Parágrafo único. A pena é aumentada de 1/3 (um terço), se o agente é funcionário da saúde pública ou exerce a profissão de médico, farmacêutico, dentista ou enfermeiro.
• Vide Tema 1246 do STF.

Omissão de notificação de doença

Art. 269. Deixar o médico de denunciar à autoridade pública doença cuja notificação é compulsória:

Pena – detenção, de 6 (seis) meses a 2 (dois) anos, e multa.

Envenenamento de água potável ou de substância alimentícia ou medicinal

Art. 270. Envenenar água potável, de uso comum ou particular, ou substância alimentícia ou medicinal destinada a consumo:

Pena – reclusão, de 10 (dez) a 15 (quinze) anos.
• Pena com redação dada pela Lei nº 8.072/1990.

§ 1º. Está sujeito à mesma pena quem entrega a consumo ou tem em depósito, para o fim de ser distribuída, a água ou a substância envenenada.

Modalidade culposa

§ 2º. Se o crime é culposo:

Pena – detenção, de 6 (seis) meses a 2 (dois) anos.

Corrupção ou poluição de água potável

Art. 271. Corromper ou poluir água potável, de uso comum ou particular, tornando-a imprópria para consumo ou nociva à saúde:

Pena – reclusão, de 2 (dois) a 5 (cinco) anos.

Modalidade culposa

Parágrafo único. Se o crime é culposo:

Pena – detenção, de 2 (dois) meses a 1 (um) ano.

Falsificação, corrupção, adulteração ou alteração de substância ou produtos alimentícios
• Item com redação dada pela Lei nº 9.677/1998.

Art. 272. Corromper, adulterar, falsificar ou alterar substância ou produto alimentício destinado a consumo, tornando-o nocivo à saúde ou reduzindo-lhe o valor nutritivo:

Pena – reclusão, de 4 (quatro) a 8 (oito) anos, e multa.
• Art. 272, *caput*, com redação dada pela Lei nº 9.677/1998.

§ 1º. Está sujeito às mesmas penas quem pratica as ações previstas neste artigo em relação a bebidas, com ou sem teor alcoólico.
• § 1º com redação dada pela Lei nº 9.677/1998.

§ 1º-A. Incorre nas penas deste artigo quem fabrica, vende, expõe à venda, importa, tem em depósito para vender ou, de qualquer forma, distribui ou entrega a consumo a substância alimentícia ou o produto falsificado, corrompido ou adulterado.
• § 1º-A acrescido pela Lei nº 9.677/1998.

Modalidade culposa

§ 2º. Se o crime é culposo:

Pena – detenção, de 1 (um) a 2 (dois) anos, e multa.
• § 2º com redação dada pela Lei nº 9.677/1998.

Falsificação, corrupção, adulteração ou alteração de produto destinado a fins terapêuticos ou medicinais
• Item com redação dada pela Lei nº 9.677/1998.

Art. 273. Falsificar, corromper, adulterar ou alterar produto destinado a fins terapêuticos ou medicinais:

Pena – reclusão, de 10 (dez) a 15 (quinze) anos, e multa.
• Art. 273, *caput*, com redação dada pela Lei nº 9.677/1998.
• Vide Tema 1003 do STF.

§ 1º. Nas mesmas penas incorre quem importa, vende, expõe à venda, tem em depósito para vender ou, de qualquer forma, distribui ou entrega a consumo o produto falsificado, corrompido, adulterado ou alterado.
• § 1º com redação dada pela Lei nº 9.677/1998.

§ 1º-A. Incluem-se entre os produtos a que se refere este artigo os medicamentos, as matérias-primas, os insumos farmacêuticos, os cosméticos, os saneantes e os de uso em diagnóstico.
• § 1º-A acrescido pela Lei nº 9.677/1998.

§ 1º-B. Está sujeito às penas deste artigo quem pratica as ações previstas no § 1º em relação a produtos em qualquer das seguintes condições:

I – sem registro, quando exigível, no órgão de vigilância sanitária competente;

II – em desacordo com a fórmula constante do registro previsto no inciso anterior;

III – sem as características de identidade e qualidade admitidas para a sua comercialização;

IV – com redução de seu valor terapêutico ou de sua atividade;

V – de procedência ignorada;

VI – adquiridos de estabelecimento sem licença da autoridade sanitária competente.
• § 1º-B acrescido pela Lei nº 9.677/1998.

Modalidade culposa

§ 2º. Se o crime é culposo:

Pena – detenção, de 1 (um) a 3 (três) anos, e multa.
• § 2º com redação dada pela Lei nº 9.677/1998.

Emprego de processo proibido ou de substância não permitida

Art. 274. Empregar, no fabrico de produto destinado a consumo, revestimento, gaseificação artificial, matéria corante, substância aromática, antisséptica, conservadora ou qualquer outra não expressamente permitida pela legislação sanitária:

Pena – reclusão, de 1 (um) a 5 (cinco) anos, e multa.
* Pena com redação dada pela Lei nº 9.677/1998.

Invólucro ou recipiente com falsa indicação

Art. 275. Inculcar, em invólucro ou recipiente de produtos alimentícios, terapêuticos ou medicinais, a existência de substância que não se encontra em seu conteúdo ou que nele existe em quantidade menor que a mencionada:

Pena – reclusão, de 1 (um) a 5 (cinco) anos, e multa.
* Art. 275 com redação dada pela Lei nº 9.677/1998.

Produto ou substância nas condições dos dois artigos anteriores

Art. 276. Vender, expor à venda, ter em depósito para vender ou, de qualquer forma, entregar a consumo produto nas condições dos arts. 274 e 275.

Pena – reclusão, de 1 (um) a 5 (cinco) anos, e multa.
* Pena com redação dada pela Lei nº 9.677/1998.

Substância destinada à falsificação

Art. 277. Vender, expor à venda, ter em depósito ou ceder substância destinada à falsificação de produtos alimentícios, terapêuticos ou medicinais:

Pena – reclusão, de 1 (um) a 5 (cinco) anos, e multa.
* Art. 277 com redação dada pela Lei nº 9.677/1998.

Outras substâncias nocivas à saúde pública

Art. 278. Fabricar, vender, expor à venda, ter em depósito para vender ou, de qualquer forma, entregar a consumo coisa ou substância nociva à saúde, ainda que não destinada à alimentação ou a fim medicinal:

Pena – detenção, de 1 (um) a 3 (três) anos, e multa.

Modalidade culposa

Parágrafo único. Se o crime é culposo:

Pena – detenção, de 2 (dois) meses a 1 (um) ano.

Art. 279. (Revogado).
* Art. 279 revogado pela Lei nº 8.137/1990.

Medicamento em desacordo com receita médica

Art. 280. Fornecer substância medicinal em desacordo com receita médica:

Pena – detenção, de 1 (um) a 3 (três) anos, ou multa.

Modalidade culposa

Parágrafo único. Se o crime é culposo:

Pena – detenção, de 2 (dois) meses a 1 (um) ano.

Art. 281. (Revogado).
- Art. 281 revogado pela Lei nº 6.368/1976.

Exercício ilegal da medicina, arte dentária ou farmacêutica

Art. 282. Exercer, ainda que a título gratuito, a profissão de médico, dentista ou farmacêutico, sem autorização legal ou excedendo-lhe os limites:

Pena – detenção, de 6 (seis) meses a 2 (dois) anos.

Parágrafo único. Se o crime é praticado com o fim de lucro, aplica-se também multa.

Charlatanismo

Art. 283. Inculcar ou anunciar cura por meio secreto ou infalível:

Pena – detenção, de 3 (três) meses a 1 (um) ano, e multa.

Curandeirismo

Art. 284. Exercer o curandeirismo:

I – prescrevendo, ministrando ou aplicando, habitualmente, qualquer substância;

II – usando gestos, palavras ou qualquer outro meio;

III – fazendo diagnósticos:

Pena – detenção, de 6 (seis) meses a 2 (dois) anos.

Parágrafo único. Se o crime é praticado mediante remuneração, o agente fica também sujeito à multa.

Forma qualificada

Art. 285. Aplica-se o disposto no art. 258 aos crimes previstos neste Capítulo, salvo quanto ao definido no art. 267.

TÍTULO IX
DOS CRIMES CONTRA A PAZ PÚBLICA

Incitação ao crime

Art. 286. Incitar, publicamente, a prática de crime:

Pena – detenção, de 3 (três) a 6 (seis) meses, ou multa.

Parágrafo único. Incorre na mesma pena quem incita, publicamente, animosidade entre as Forças Armadas, ou delas contra os poderes constitucionais, as instituições civis ou a sociedade.
- Parágrafo único acrescido pela Lei nº 14.197/2021.

Apologia de crime ou criminoso

Art. 287. Fazer, publicamente, apologia de fato criminoso ou de autor de crime:

Pena – detenção, de 3 (três) a 6 (seis) meses, ou multa.
- Vide ADPF 187.

Associação criminosa

Art. 288. Associarem-se 3 (três) ou mais pessoas, para o fim específico de cometer crimes:

Pena – reclusão, de 1 (um) a 3 (três) anos.

Parágrafo único. A pena aumenta-se até a metade se a associação é armada ou se houver a participação de criança ou adolescente.
* Art. 288 com redação dada pela Lei nº 12.850/2013.
* V. art. 159, § 1º, do CP.

Constituição de milícia privada
* Item acrescido pela Lei nº 12.720/2012.

Art. 288-A. Constituir, organizar, integrar, manter ou custear organização paramilitar, milícia particular, grupo ou esquadrão com a finalidade de praticar qualquer dos crimes previstos neste Código:

Pena – reclusão, de 4 (quatro) a 8 (oito) anos.
* Art. 288-A acrescido pela Lei nº 12.720/2012.

TÍTULO X
DOS CRIMES CONTRA A FÉ PÚBLICA

CAPÍTULO I
DA MOEDA FALSA

Moeda falsa

Art. 289. Falsificar, fabricando-a ou alterando-a, moeda metálica ou papel-moeda de curso legal no país ou no estrangeiro:
* Vide Súmula 73 do STJ.

Pena – reclusão, de 3 (três) a 12 (doze) anos, e multa.

§ 1º. Nas mesmas penas incorre quem, por conta própria ou alheia, importa ou exporta, adquire, vende, troca, cede, empresta, guarda ou introduz na circulação moeda falsa.

§ 2º. Quem, tendo recebido de boa-fé, como verdadeira, moeda falsa ou alterada, a restitui à circulação, depois de conhecer a falsidade, é punido com detenção, de 6 (seis) meses a 2 (dois) anos, e multa.

§ 3º. É punido com reclusão, de 3 (três) a 15 (quinze) anos, e multa, o funcionário público ou diretor, gerente, ou fiscal de banco de emissão que fabrica, emite ou autoriza a fabricação ou emissão:

I – de moeda com título ou peso inferior ao determinado em lei;

II – de papel-moeda em quantidade superior à autorizada.

§ 4º. Nas mesmas penas incorre quem desvia e faz circular moeda, cuja circulação não estava ainda autorizada.

Crimes assimilados ao de moeda falsa

Art. 290. Formar cédula, nota ou bilhete representativo de moeda com fragmentos de cédulas, notas ou bilhetes verdadeiros; suprimir, em nota, cédula ou bilhete recolhidos, para o fim de restituí-los à circulação, sinal indicativo de sua inutilização; restituir à circulação cédula, nota ou bilhete em tais condições, ou já recolhidos para o fim de inutilização:

Pena – reclusão, de 2 (dois) a 8 (oito) anos, e multa.

Parágrafo único. O máximo da reclusão é elevado a 12 (doze) anos e multa, se o crime é cometido por funcionário que trabalha na repartição onde o dinheiro se achava recolhido, ou nela tem fácil ingresso, em razão do cargo.

Petrechos para falsificação de moeda

Art. 291. Fabricar, adquirir, fornecer, a título oneroso ou gratuito, possuir ou guardar maquinismo, aparelho, instrumento ou qualquer objeto especialmente destinado à falsificação de moeda:

Pena – reclusão, de 2 (dois) a 6 (seis) anos, e multa.

Emissão de título ao portador sem permissão legal

Art. 292. Emitir, sem permissão legal, nota, bilhete, ficha, vale ou título que contenha promessa de pagamento em dinheiro ao portador ou a que falte indicação do nome da pessoa a quem deva ser pago:

Pena – detenção, de 1 (um) a 6 (seis) meses, ou multa.

Parágrafo único. Quem recebe ou utiliza como dinheiro qualquer dos documentos referidos neste artigo incorre na pena de detenção, de 15 (quinze) dias a 3 (três) meses, ou multa.

CAPÍTULO II
DA FALSIDADE DE TÍTULOS E OUTROS PAPÉIS PÚBLICOS

Falsificação de papéis públicos

Art. 293. Falsificar, fabricando-os ou alterando-os:

I – selo destinado a controle tributário, papel selado ou qualquer papel de emissão legal destinado à arrecadação de tributo;

* Inciso I com redação dada pela Lei nº 11.035/2004.

II – papel de crédito público que não seja moeda de curso legal;

III – vale postal;

IV – cautela de penhor, caderneta de depósito de caixa econômica ou de outro estabelecimento mantido por entidade de direito público;

V – talão, recibo, guia, alvará ou qualquer outro documento relativo a arrecadação de rendas públicas ou a depósito ou caução por que o poder público seja responsável;

VI – bilhete, passe ou conhecimento de empresa de transporte administrada pela União, por Estado ou por Município:

Pena – reclusão, de 2 (dois) a 8 (oito) anos, e multa.

§ 1º. Incorre na mesma pena quem:
- § 1º, *caput*, com redação dada pela Lei nº 11.035/2004.

I – usa, guarda, possui ou detém qualquer dos papéis falsificados a que se refere este artigo;
- Inciso I acrescido pela Lei nº 11.035/2004.

II – importa, exporta, adquire, vende, troca, cede, empresta, guarda, fornece ou restitui à circulação selo falsificado destinado a controle tributário;
- Inciso II acrescido pela Lei nº 11.035/2004.

III – importa, exporta, adquire, vende, expõe à venda, mantém em depósito, guarda, troca, cede, empresta, fornece, porta ou, de qualquer forma, utiliza em proveito próprio ou alheio, no exercício de atividade comercial ou industrial, produto ou mercadoria:

a) em que tenha sido aplicado selo que se destine a controle tributário, falsificado;

b) sem selo oficial, nos casos em que a legislação tributária determina a obrigatoriedade de sua aplicação.
- Inciso III acrescido pela Lei nº 11.035/2004.

§ 2º. Suprimir, em qualquer desses papéis, quando legítimos, com o fim de torná-los novamente utilizáveis, carimbo ou sinal indicativo de sua inutilização:

Pena – reclusão, de 1 (um) a 4 (quatro) anos, e multa.

§ 3º. Incorre na mesma pena quem usa, depois de alterado, qualquer dos papéis a que se refere o parágrafo anterior.

§ 4º. Quem usa ou restitui à circulação, embora recibo de boa-fé, qualquer dos papéis falsificados ou alterados, a que se referem este artigo e o seu § 2º, depois de conhecer a falsidade ou alteração, incorre na pena de detenção, de 6 (seis) meses a 2 (dois) anos, ou multa.

§ 5º. Equipara-se a atividade comercial, para os fins do inciso III do § 1º, qualquer forma de comércio irregular ou clandestino, inclusive o exercido em vias, praças ou outros logradouros públicos e em residências.
- § 5º acrescido pela Lei nº 11.035/2004.

Petrechos de falsificação

Art. 294. Fabricar, adquirir, fornecer, possuir ou guardar objeto especialmente destinado à falsificação de qualquer dos papéis referidos no artigo anterior:

Pena – reclusão, de 1 (um) a 3 (três) anos, e multa.

Art. 295. Se o agente é funcionário público, e comete o crime prevalecendo-se do cargo, aumenta-se a pena de sexta parte.

CAPÍTULO III
DA FALSIDADE DOCUMENTAL
* Vide Súmula Vinculante 36 do STF.
* Vide Súmulas 17, 104 e 200 do STJ.

Falsificação do selo ou sinal público

Art. 296. Falsificar, fabricando-os ou alterando-os:

I – selo público destinado a autenticar atos oficiais da União, de Estado ou de Município;

II – selo ou sinal atribuído por lei a entidade de direito público, ou a autoridade, ou sinal público de tabelião:

Pena – reclusão, de 2 (dois) a 6 (seis) anos, e multa.

§ 1º. Incorre nas mesmas penas:

I – quem faz uso do selo ou sinal falsificado;

II – quem utiliza indevidamente o selo ou sinal verdadeiro em prejuízo de outrem ou em proveito próprio ou alheio;

III – quem altera, falsifica ou faz uso indevido de marcas, logotipos, siglas ou quaisquer outros símbolos utilizados ou identificadores de órgãos ou entidades da Administração Pública.
* Inciso III acrescido pela Lei nº 9.983/2000.

§ 2º. Se o agente é funcionário público, e comete o crime prevalecendo-se do cargo, aumenta-se a pena de sexta parte.

Falsificação de documento público

Art. 297. Falsificar, no todo ou em parte, documento público, ou alterar documento público verdadeiro:

Pena – reclusão, de 2 (dois) a 6 (seis) anos, e multa.

§ 1º. Se o agente é funcionário público, e comete o crime prevalecendo-se do cargo, aumenta-se a pena de sexta parte.

§ 2º. Para os efeitos penais, equiparam-se a documento público o emanado de entidade paraestatal, o título ao portador ou transmissível por endosso, as ações de sociedade comercial, os livros mercantis e o testamento particular.
* V. art. 304 do CP.

§ 3º. Nas mesmas penas incorre quem insere ou faz inserir:

I – na folha de pagamento ou em documento de informações que seja destinado a fazer prova perante a previdência social, pessoa que não possua a qualidade de segurado obrigatório;

II – na Carteira de Trabalho e Previdência Social do empregado ou em documento que deva produzir efeito perante a previdência social, declaração falsa ou diversa da que deveria ter sido escrita;

III – em documento contábil ou em qualquer outro documento relacionado com as obrigações da empresa perante a previdência social, declaração falsa ou diversa da que deveria ter constado.
* § 3º acrescido pela Lei nº 9.983/2000.

§ 4º. Nas mesmas penas incorre quem omite, nos documentos mencionados no § 3º, nome do segurado e seus dados pessoais, a remuneração, a vigência do contrato de trabalho ou de prestação de serviços.
* § 4º acrescido pela Lei nº 9.983/2000.

Falsificação de documento particular

Art. 298. Falsificar, no todo ou em parte, documento particular ou alterar documento particular verdadeiro:
* V. art. 304 do CP.

Pena – reclusão, de 1 (um) a 5 (cinco) anos, e multa.

Falsificação de cartão
* Item acrescido pela Lei nº 12.737/2012.

Parágrafo único. Para fins do disposto no *caput*, equipara-se a documento particular o cartão de crédito ou débito.
* Parágrafo único acrescido pela Lei nº 12.737/2012.

Falsidade ideológica

Art. 299. Omitir, em documento público ou particular, declaração que dele devia constar, ou nele inserir ou fazer inserir declaração falsa ou diversa da que devia ser escrita, com o fim de prejudicar direito, criar obrigação ou alterar a verdade sobre fato juridicamente relevante:

Pena – reclusão, de 1 (um) a 5 (cinco) anos, e multa, se o documento é público, e reclusão de 1 (um) a 3 (três) anos, e multa, se o documento é particular.

Parágrafo único. Se o agente é funcionário público, e comete o crime prevalecendo-se do cargo, ou se a falsificação ou alteração é de assentamento de registro civil, aumenta-se a pena de sexta parte.
* V. art. 304 do CP.

Falso reconhecimento de firma ou letra

Art. 300. Reconhecer, como verdadeira, no exercício de função pública, firma ou letra que o não seja:

Pena – reclusão, de 1 (um) a 5 (cinco) anos, e multa, se o documento é público; e de 1 (um) a 3 (três) anos, e multa, se o documento é particular.
* V. art. 304 do CP.

Certidão ou atestado ideologicamente falso

Art. 301. Atestar ou certificar falsamente, em razão de função pública, fato ou circunstância que habilite alguém a obter cargo público, isenção de ônus ou de serviço de caráter público, ou qualquer outra vantagem:

Pena – detenção, de 2 (dois) meses a 1 (um) ano.

**Falsidade material
de atestado ou certidão**

§ 1º. Falsificar, no todo ou em parte, atestado ou certidão, ou alterar o teor de certidão ou de atestado verdadeiro, para prova de fato ou circunstância que habilite alguém a obter cargo público, isenção de ônus ou de serviço de caráter público, ou qualquer outra vantagem:

Pena – detenção, de 3 (três) meses a 2 (dois) anos.

§ 2º. Se o crime é praticado com o fim de lucro, aplica-se, além da pena privativa de liberdade, a de multa.
• V. art. 304 do CP.

Falsidade de atestado médico

Art. 302. Dar o médico, no exercício da sua profissão, atestado falso:

Pena – detenção, de 1 (um) mês a 1 (um) ano.
• V. art. 304 do CP.

Parágrafo único. Se o crime é cometido com o fim de lucro, aplica-se também multa.

**Reprodução ou adulteração
de selo ou peça filatélica**

Art. 303. Reproduzir ou alterar selo ou peça filatélica que tenha valor para coleção, salvo quando a reprodução ou a alteração está visivelmente anotada na face ou no verso do selo ou peça:

Pena – detenção, de 1 (um) a 3 (três) anos, e multa.

Parágrafo único. Na mesma pena incorre quem, para fins de comércio, faz uso do selo ou peça filatélica.

Uso de documento falso

Art. 304. Fazer uso de qualquer dos papéis falsificados ou alterados, a que se referem os arts. 297 a 302:

Pena – a cominada à falsificação ou à alteração.
• Vide Súmulas 104 e 200 do STJ.

Supressão de documento

Art. 305. Destruir, suprimir ou ocultar, em benefício próprio ou de outrem, ou em prejuízo alheio, documento público ou particular verdadeiro, de que não podia dispor:

Pena – reclusão, de 2 (dois) a 6 (seis) anos, e multa, se o documento é público, e reclusão, de 1 (um) a 5 (cinco) anos, e multa, se o documento é particular.

CAPÍTULO IV
DE OUTRAS FALSIDADES

Falsificação do sinal empregado no contraste de metal precioso ou na fiscalização alfandegária, ou para outros fins

Art. 306. Falsificar, fabricando-o ou alterando-o, marca ou sinal empregado pelo poder público no contraste de metal precioso ou na fiscalização alfandegária, ou usar marca ou sinal dessa natureza, falsificado por outrem:

Pena – reclusão, de 2 (dois) a 6 (seis) anos, e multa.

Parágrafo único. Se a marca ou sinal falsificado é o que usa a autoridade pública para o fim de fiscalização sanitária, ou para autenticar ou encerrar determinados objetos, ou comprovar o cumprimento de formalidade legal:

Pena – reclusão ou detenção, de 1 (um) a 3 (três) anos, e multa.

Falsa identidade

Art. 307. Atribuir-se ou atribuir a terceiro falsa identidade para obter vantagem, em proveito próprio ou alheio, ou para causar dano a outrem:

Pena – detenção, de 3 (três) meses a 1 (um) ano, ou multa, se o fato não constitui elemento de crime mais grave.
* Vide Súmula 522 do STJ.

Art. 308. Usar, como próprio, passaporte, título de eleitor, caderneta de reservista ou qualquer documento de identidade alheia ou ceder a outrem, para que dele se utilize, documento dessa natureza, próprio ou de terceiro:

Pena – detenção, de 4 (quatro) meses a 2 (dois) anos, e multa, se o fato não constitui elemento de crime mais grave.
* Vide Súmula 200 do STJ.

Fraude de lei sobre estrangeiro

Art. 309. Usar o estrangeiro, para entrar ou permanecer no território nacional, nome que não é o seu:

Pena – detenção, de 1 (um) a 3 (três) anos, e multa.

Parágrafo único. Atribuir a estrangeiro falsa qualidade para promover-lhe a entrada em território nacional:

Pena – reclusão, de 1 (um) a 4 (quatro) anos, e multa.
* Parágrafo único acrescido pela Lei nº 9.426/1996.

Art. 310. Prestar-se a figurar como proprietário ou possuidor de ação, título ou valor pertencente a estrangeiro, nos casos em que a este é vedada por lei a propriedade ou a posse de tais bens:

Pena – detenção, de 6 (seis) meses a 3 (três) anos, e multa.
* Art. 310 com redação dada pela Lei nº 9.426/1996.

Adulteração de sinal identificador de veículo
* Item com redação dada pela Lei nº 14.562/2023.

Art. 311. Adulterar, remarcar ou suprimir número de chassi, monobloco, motor, placa de identificação, ou qualquer sinal identificador de veículo automotor, elétrico, híbrido, de reboque, de semirreboque ou de suas combinações, bem como de seus componentes ou equipamentos, sem autorização do órgão competente:
* Art. 311, *caput*, com redação dada pela Lei nº 14.562/2023.

Pena – reclusão, de 3 (três) a 6 (seis) anos, e multa.
* Pena com redação dada pela Lei nº 9.426/1996.

§ 1º. Se o agente comete o crime no exercício da função pública ou em razão dela, a pena é aumentada de 1/3 (um terço).
* § 1º acrescido pela Lei nº 9.426/1996.

§ 2º. Incorrem nas mesmas penas do *caput* deste artigo:

I – o funcionário público que contribui para o licenciamento ou registro do veículo remarcado ou adulterado, fornecendo indevidamente material ou informação oficial;

II – aquele que adquire, recebe, transporta, oculta, mantém em depósito, fabrica, fornece, a título oneroso ou gratuito, possui ou guarda maquinismo, aparelho, instrumento ou objeto especialmente destinado à falsificação e/ou adulteração de que trata o *caput* deste artigo; ou

III – aquele que adquire, recebe, transporta, conduz, oculta, mantém em depósito, desmonta, monta, remonta, vende, expõe à venda, ou de qualquer forma utiliza, em proveito próprio ou alheio, veículo automotor, elétrico, híbrido, de reboque, semirreboque ou suas combinações ou partes, com número de chassi ou monobloco, placa de identificação ou qualquer sinal identificador veicular que devesse saber estar adulterado ou remarcado.
* § 2º com redação dada pela Lei nº 14.562/2023.

§ 3º. Praticar as condutas de que tratam os incisos II ou III do § 2º deste artigo no exercício de atividade comercial ou industrial:

Pena – reclusão, de 4 (quatro) a 8 (oito) anos, e multa.
* § 3º acrescido pela Lei nº 14.562/2023.

§ 4º. Equipara-se a atividade comercial, para efeito do disposto no § 3º deste artigo, qualquer forma de comércio irregular ou clandestino, inclusive aquele exercido em residência.
* § 4º acrescido pela Lei nº 14.562/2023.

CAPÍTULO V
DAS FRAUDES EM CERTAMES DE INTERESSE PÚBLICO
• Capítulo V acrescido pela Lei nº 12.550/2011.

Fraudes em certames de interesse público
• Item acrescido pela Lei nº 12.550/2011.

Art. 311-A. Utilizar ou divulgar, indevidamente, com o fim de beneficiar a si ou a outrem, ou de comprometer a credibilidade do certame, conteúdo sigiloso de:

I – concurso público;

II – avaliação ou exame públicos;

III – processo seletivo para ingresso no ensino superior; ou

IV – exame ou processo seletivo previstos em lei:

Pena – reclusão, de 1 (um) a 4 (quatro) anos, e multa.

§ 1º. Nas mesmas penas incorre quem permite ou facilita, por qualquer meio, o acesso de pessoas não autorizadas às informações mencionadas no *caput*.

§ 2º. Se da ação ou omissão resulta dano à administração pública:

Pena – reclusão, de 2 (dois) a 6 (seis) anos, e multa.

§ 3º. Aumenta-se a pena de 1/3 (um terço) se o fato é cometido por funcionário público.
• Art. 311-A acrescido pela Lei nº 12.550/2011.

TÍTULO XI
DOS CRIMES CONTRA A ADMINISTRAÇÃO PÚBLICA
• Vide Súmula 599 do STJ.

CAPÍTULO I
DOS CRIMES PRATICADOS POR FUNCIONÁRIO PÚBLICO CONTRA A ADMINISTRAÇÃO EM GERAL

Peculato

Art. 312. Apropriar-se o funcionário público de dinheiro, valor ou qualquer outro bem móvel, público ou particular, de que tem a posse em razão do cargo, ou desviá-lo, em proveito próprio ou alheio:

Pena – reclusão, de 2 (dois) a 12 (doze) anos, e multa.

§ 1º. Aplica-se a mesma pena, se o funcionário público, embora não tendo a posse do dinheiro, valor ou bem, o subtrai, ou concorre para que seja subtraído, em proveito próprio ou alheio, valendo-se de facilidade que lhe proporciona a qualidade de funcionário.

Peculato culposo

§ 2º. Se o funcionário concorre culposamente para o crime de outrem:

Pena – detenção, de 3 (três) meses a 1 (um) ano.

§ 3º. No caso do parágrafo anterior, a reparação do dano, se precede à sentença irrecorrível, extingue a punibilidade; se lhe é posterior, reduz de metade a pena imposta.

Peculato mediante erro de outrem

Art. 313. Apropriar-se de dinheiro ou qualquer utilidade que, no exercício do cargo, recebeu por erro de outrem:

Pena – reclusão, de 1 (um) a 4 (quatro) anos, e multa.

Inserção de dados falsos em sistema de informações
• Item acrescido pela Lei nº 9.983/2000.

Art. 313-A. Inserir ou facilitar, o funcionário autorizado, a inserção de dados falsos, alterar ou excluir indevidamente dados corretos nos sistemas informatizados ou bancos de dados da Administração Pública com o fim de obter vantagem indevida para si ou para outrem ou para causar dano:

Pena – reclusão, de 2 (dois) a 12 (doze) anos, e multa.
• Art. 313-A acrescido pela Lei nº 9.983/2000.

Modificação ou alteração não autorizada de sistema de informações
• Item acrescido pela Lei nº 9.983/2000.

Art. 313-B. Modificar ou alterar, o funcionário, sistema de informações ou programa de informática sem autorização ou solicitação de autoridade competente:

Pena – detenção, de 3 (três) meses a 2 (dois) anos, e multa.

Parágrafo único. As penas são aumentadas de 1/3 (um terço) até a metade se da modificação ou alteração resulta dano para a Administração Pública ou para o administrado.
• Art. 313-B acrescido pela Lei nº 9.983/2000.

Extravio, sonegação ou inutilização de livro ou documento

Art. 314. Extraviar livro oficial ou qualquer documento, de que tem a guarda em razão do cargo; sonegá-lo ou inutilizá-lo, total ou parcialmente:

Pena – reclusão, de 1 (um) a 4 (quatro) anos, se o fato não constitui crime mais grave.

Emprego irregular de verbas ou rendas públicas

Art. 315. Dar às verbas ou rendas públicas aplicação diversa da estabelecida em lei:

Pena – detenção, de 1 (um) a 3 (três) meses, ou multa.

Concussão

Art. 316. Exigir, para si ou para outrem, direta ou indiretamente, ainda que fora da função ou antes de assumi-la, mas em razão dela, vantagem indevida:

Pena – reclusão, de 2 (dois) a 12 (doze) anos, e multa.
* Pena com redação dada pela Lei nº 13.964/2019.

Excesso de exação

§ 1º. Se o funcionário exige tributo ou contribuição social que sabe ou deveria saber indevido, ou, quando devido, emprega na cobrança meio vexatório ou gravoso, que a lei não autoriza:

Pena – reclusão, de 3 (três) a 8 (oito) anos, e multa.
* § 1º com redação dada pela Lei nº 8.137/1990.

§ 2º. Se o funcionário desvia, em proveito próprio ou de outrem, o que recebeu indevidamente para recolher aos cofres públicos:

Pena – reclusão, de 2 (dois) a 12 (doze) anos, e multa.

Corrupção passiva

Art. 317. Solicitar ou receber, para si ou para outrem, direta ou indiretamente, ainda que fora da função ou antes de assumi-la, mas em razão dela, vantagem indevida, ou aceitar promessa de tal vantagem:

Pena – reclusão, de 2 (dois) a 12 (doze) anos, e multa.
* Pena com redação dada pela Lei nº 10.763/2003.

§ 1º. A pena é aumentada de 1/3 (um terço), se, em consequência da vantagem ou promessa, o funcionário retarda ou deixa de praticar qualquer ato de ofício ou o pratica infringindo dever funcional.

§ 2º. Se o funcionário pratica, deixa de praticar ou retarda ato de ofício, com infração de dever funcional, cedendo a pedido ou influência de outrem:

Pena – detenção, de 3 (três) meses a 1 (um) ano, ou multa.

Facilitação de contrabando ou descaminho

Art. 318. Facilitar, com infração de dever funcional, a prática de contrabando ou descaminho (art. 334):

Pena – reclusão, de 3 (três) a 8 (oito) anos, e multa.
* Pena com redação dada pela Lei nº 8.137/1990.
* V. arts. 334 e 334-A do CP.
* Vide Súmula 560 do STF.
* Vide Súmula 151 do STJ.

Prevaricação

Art. 319. Retardar ou deixar de praticar, indevidamente, ato de ofício, ou praticá-lo contra disposição expressa de lei, para satisfazer interesse ou sentimento pessoal:

Pena – detenção, de 3 (três) meses a 1 (um) ano, e multa.

Art. 319-A. Deixar o Diretor de Penitenciária e/ou agente público, de cumprir seu dever de vedar ao preso o acesso a aparelho telefônico, de rádio ou similar, que permita a comunicação com outros presos ou com o ambiente externo:

Pena: detenção, de 3 (três) meses a 1 (um) ano.
* Art. 319-A acrescido pela Lei nº 11.466/2007.

Condescendência criminosa

Art. 320. Deixar o funcionário, por indulgência, de responsabilizar subordinado que cometeu infração no exercício do cargo ou, quando lhe falte competência, não levar o fato ao conhecimento da autoridade competente:

Pena – detenção, de 15 (quinze) dias a 1 (um) mês, ou multa.

Advocacia administrativa

Art. 321. Patrocinar, direta ou indiretamente, interesse privado perante a administração pública, valendo-se da qualidade de funcionário:

Pena – detenção, de 1 (um) a 3 (três) meses, ou multa.

Parágrafo único. Se o interesse é ilegítimo:

Pena – detenção, de 3 (três) meses a 1 (um) ano, além da multa.

Violência arbitrária

Art. 322. Praticar violência, no exercício de função ou a pretexto de exercê-la:

Pena – detenção, de 6 (seis) meses a 3 (três) anos, além da pena correspondente à violência.
* Vide Súmula Vinculante 11 do STF.

Abandono de função

Art. 323. Abandonar cargo público, fora dos casos permitidos em lei:

Pena – detenção, de 15 (quinze) dias a 1 (um) mês, ou multa.

§ 1º. Se do fato resulta prejuízo público:

Pena – detenção, de 3 (três) meses a 1 (um) ano, e multa.

§ 2º. Se o fato ocorre em lugar compreendido na faixa de fronteira:

Pena – detenção, de 1 (um) a 3 (três) anos, e multa.

Exercício funcional ilegalmente antecipado ou prolongado

Art. 324. Entrar no exercício de função pública antes de satisfeitas as exigências legais, ou continuar a exercê-la, sem autorização, depois de saber oficialmente que foi exonerado, removido, substituído ou suspenso:

Pena – detenção, de 15 (quinze) dias a 1 (um) mês, ou multa.

Violação de sigilo funcional

Art. 325. Revelar fato de que tem ciência em razão do cargo e que deva permanecer em segredo, ou facilitar-lhe a revelação:

Pena – detenção, de 6 (seis) meses a 2 (dois) anos, ou multa, se o fato não constitui crime mais grave.

§ 1º. Nas mesmas penas deste artigo incorre quem:

I – permite ou facilita, mediante atribuição, fornecimento e empréstimo de senha ou qualquer outra forma, o acesso de pessoas não autorizadas a sistemas de informações ou banco de dados da Administração Pública;

II – se utiliza, indevidamente, do acesso restrito.
* § 1º acrescido pela Lei nº 9.983/2000.

§ 2º. Se da ação ou omissão resulta dano à Administração Pública ou a outrem:

Pena – reclusão, de 2 (dois) a 6 (seis) anos, e multa.
* § 2º acrescido pela Lei nº 9.983/2000.

Violação do sigilo de proposta de concorrência

Art. 326. Devassar o sigilo de proposta de concorrência pública, ou proporcionar a terceiro o ensejo de devassá-lo:

Pena – Detenção, de 3 (três) meses a 1 (um) ano, e multa.

Funcionário público

Art. 327. Considera-se funcionário público, para os efeitos penais, quem, embora transitoriamente ou sem remuneração, exerce cargo, emprego ou função pública.

§ 1º. Equipara-se a funcionário público quem exerce cargo, emprego ou função em entidade paraestatal, e quem trabalha para empresa prestadora de serviço contratada ou conveniada para a execução de atividade típica da Administração Pública.
* § 1º com redação dada pela Lei nº 9.983/2000.
* V. art. 337-D do CP.

§ 2º. A pena será aumentada da terça parte quando os autores dos crimes previstos neste Capítulo forem ocupantes de cargos em comissão ou de função de direção ou assessoramento de órgão da administração direta, sociedade de economia mista, empresa pública ou fundação instituída pelo poder público.
* § 2º acrescido pela Lei nº 6.799/1980.

CAPÍTULO II
DOS CRIMES PRATICADOS POR PARTICULAR CONTRA A ADMINISTRAÇÃO EM GERAL

Usurpação de função pública

Art. 328. Usurpar o exercício de função pública:

Pena – detenção, de 3 (três) meses a 2 (dois) anos, e multa.
* V. arts. 324 e 359 do CP.

Parágrafo único. Se do fato o agente aufere vantagem:

Pena – reclusão, de 2 (dois) a 5 (cinco) anos, e multa.

Resistência

Art. 329. Opor-se à execução de ato legal, mediante violência ou ameaça a funcionário competente para executá-lo ou a quem lhe esteja prestando auxílio:

Pena – detenção, de 2 (dois) meses a 2 (dois) anos.

§ 1º. Se o ato, em razão da resistência, não se executa:

Pena – reclusão, de 1 (um) a 3 (três) anos.

§ 2º. As penas deste artigo são aplicáveis sem prejuízo das correspondentes à violência.

Desobediência

Art. 330. Desobedecer a ordem legal de funcionário público:

Pena – detenção, de 15 (quinze) dias a 6 (seis) meses, e multa.

Desacato

Art. 331. Desacatar funcionário público no exercício da função ou em razão dela:

Pena – detenção, de 6 (seis) meses a 2 (dois) anos, ou multa.

Tráfico de Influência
- Item com redação dada pela Lei nº 9.127/1995.

Art. 332. Solicitar, exigir, cobrar ou obter, para si ou para outrem, vantagem ou promessa de vantagem, a pretexto de influir em ato praticado por funcionário público no exercício da função:

Pena – reclusão, de 2 (dois) a 5 (cinco) anos, e multa.

Parágrafo único. A pena é aumentada da metade, se o agente alega ou insinua que a vantagem é também destinada ao funcionário.
- Art. 332 com redação dada pela Lei nº 9.127/1995.
- V. art. 337-C e 357 do CP.

Corrupção ativa

Art. 333. Oferecer ou prometer vantagem indevida a funcionário público, para determiná-lo a praticar, omitir ou retardar ato de ofício:

Pena – reclusão, de 2 (dois) a 12 (doze) anos, e multa.
- Pena com redação dada pela Lei nº 10.763/2003.
- V. art. 337-B do CP.

Parágrafo único. A pena é aumentada de 1/3 (um terço), se, em razão da vantagem ou promessa, o funcionário retarda ou omite ato de ofício, ou o pratica infringindo dever funcional.

Descaminho
- Item com redação dada pela Lei nº 13.008/2014.

Art. 334. Iludir, no todo ou em parte, o pagamento de direito ou imposto devido pela entrada, pela saída ou pelo consumo de mercadoria:

Pena – reclusão, de 1 (um) a 4 (quatro) anos.
- V. art. 318 do CP.
- Vide Súmula 560 do STF.
- Vide Súmula 151 do STJ.

§ 1º. Incorre na mesma pena quem:

I – pratica navegação de cabotagem, fora dos casos permitidos em lei;

II – pratica fato assimilado, em lei especial, a descaminho;

III – vende, expõe à venda, mantém em depósito ou, de qualquer forma, utiliza em proveito próprio ou alheio, no exercício de atividade comercial ou industrial, mercadoria de procedência estrangeira que introduziu clandestinamente no País ou importou fraudulentamente ou que sabe ser produto de introdução clandestina no território nacional ou de importação fraudulenta por parte de outrem;

IV – adquire, recebe ou oculta, em proveito próprio ou alheio, no exercício de atividade comercial ou industrial, mercadoria de procedência estrangeira, desacompanhada de documentação legal ou acompanhada de documentos que sabe serem falsos.

§ 2º. Equipara-se às atividades comerciais, para os efeitos deste artigo, qualquer forma de comércio irregular ou clandestino de mercadorias estrangeiras, inclusive o exercido em residências.

§ 3º. A pena aplica-se em dobro se o crime de descaminho é praticado em transporte aéreo, marítimo ou fluvial.
- Art. 334 com redação dada pela Lei nº 13.008/2014.

Contrabando
- Item acrescido pela Lei nº 13.008/2014.

Art. 334-A. Importar ou exportar mercadoria proibida:

Pena – reclusão, de 2 (dois) a 5 (cinco) anos.
- V. art. 318 do CP.
- Vide Súmula 560 do STF.
- Vide Súmula 151 do STJ.

§ 1º. Incorre na mesma pena quem:

I – pratica fato assimilado, em lei especial, a contrabando;

II – importa ou exporta clandestinamente mercadoria que dependa de registro, análise ou autorização de órgão público competente;

III – reinsere no território nacional mercadoria brasileira destinada à exportação;

IV – vende, expõe à venda, mantém em depósito ou, de qualquer forma, utiliza em proveito próprio ou alheio, no exercício de atividade comercial ou industrial, mercadoria proibida pela lei brasileira;

V – adquire, recebe ou oculta, em proveito próprio ou alheio, no exercício de atividade comercial ou industrial, mercadoria proibida pela lei brasileira.

§ 2º. Equipara-se às atividades comerciais, para os efeitos deste artigo, qualquer forma de comércio irregular ou clandestino de mercadorias estrangeiras, inclusive o exercido em residências.

§ 3º. A pena aplica-se em dobro se o crime de contrabando é praticado em transporte aéreo, marítimo ou fluvial.
• Art. 334-A acrescido pela Lei nº 13.008/2014.

Impedimento, perturbação ou fraude de concorrência

Art. 335. Impedir, perturbar ou fraudar concorrência pública ou venda em hasta pública, promovida pela administração federal, estadual ou municipal, ou por entidade paraestatal; afastar ou procurar afastar concorrente ou licitante, por meio de violência, grave ameaça, fraude ou oferecimento de vantagem:
• Vide Súmula 645 do STJ.

Pena – detenção, de 6 (seis) meses a 2 (dois) anos, ou multa, além da pena correspondente à violência.

Parágrafo único. Incorre na mesma pena quem se abstém de concorrer ou licitar, em razão da vantagem oferecida.

Inutilização de edital ou de sinal

Art. 336. Rasgar ou, de qualquer forma, inutilizar ou conspurcar edital afixado por ordem de funcionário público; violar ou inutilizar selo ou sinal empregado, por determinação legal ou por ordem de funcionário público, para identificar ou cerrar qualquer objeto:

Pena – detenção, de 1 (um) mês a 1 (um) ano, ou multa.

Subtração ou inutilização de livro ou documento

Art. 337. Subtrair, ou inutilizar, total ou parcialmente, livro oficial, processo ou documento confiado à custódia de funcionário, em razão de ofício, ou de particular em serviço público:

Pena – reclusão, de 2 (dois) a 5 (cinco) anos, se o fato não constitui crime mais grave.

Sonegação de contribuição previdenciária
• Item acrescido pela Lei nº 9.983/2000.

Art. 337-A. Suprimir ou reduzir contribuição social previdenciária e qualquer acessório, mediante as seguintes condutas:

I – omitir de folha de pagamento da empresa ou de documento de informações previsto pela legislação previdenciária segurados empregado, empresário, trabalhador avulso ou trabalhador autônomo ou a este equiparado que lhe prestem serviços;

II – deixar de lançar mensalmente nos títulos próprios da contabilidade da empresa as quantias descontadas dos segurados ou as devidas pelo empregador ou pelo tomador de serviços;

III – omitir, total ou parcialmente, receitas ou lucros auferidos, remunerações pagas ou creditadas e demais fatos geradores de contribuições sociais previdenciárias:

Pena – reclusão, de 2 (dois) a 5 (cinco) anos, e multa.

§ 1º. É extinta a punibilidade se o agente, espontaneamente, declara e confessa as contribuições, importâncias ou valores e presta as informações devidas à previdência social, na forma definida em lei ou regulamento, antes do início da ação fiscal.

§ 2º. É facultado ao juiz deixar de aplicar a pena ou aplicar somente a de multa se o agente for primário e de bons antecedentes, desde que:

I – (vetado);

II – o valor das contribuições devidas, inclusive acessórios, seja igual ou inferior àquele estabelecido pela previdência social, administrativamente, como sendo o mínimo para o ajuizamento de suas execuções fiscais.

§ 3º. Se o empregador não é pessoa jurídica e sua folha de pagamento mensal não ultrapassa R$ 1.510,00 (um mil, quinhentos e dez reais), o juiz poderá reduzir a pena de 1/3 (um terço) até a metade ou aplicar apenas a de multa.

§ 4º. O valor a que se refere o parágrafo anterior será reajustado nas mesmas datas e nos mesmos índices do reajuste dos benefícios da previdência social.
- Art. 337-A acrescido pela Lei nº 9.983/2000.

CAPÍTULO II-A
DOS CRIMES PRATICADOS POR PARTICULAR CONTRA A ADMINISTRAÇÃO PÚBLICA ESTRANGEIRA
- Capítulo II-A acrescido pela Lei nº 10.467/2002.

Corrupção ativa em transação comercial internacional
- Item acrescido pela Lei nº 10.467/2002.

Art. 337-B. Prometer, oferecer ou dar, direta ou indiretamente, vantagem indevida a funcionário público estrangeiro, ou a terceira pessoa, para determiná-lo a praticar, omitir ou retardar ato de ofício relacionado à transação comercial internacional:

Pena – reclusão, de 1 (um) a 8 (oito) anos, e multa.

Parágrafo único. A pena é aumentada de 1/3 (um terço), se, em razão da vantagem ou promessa, o funcionário público estrangeiro retarda ou omite o ato de ofício, ou o pratica infringindo dever funcional.
- Art. 337-B acrescido pela Lei nº 10.467/2002.
- V. arts. 317 e 333 do CP.

Tráfico de influência em transação comercial internacional
- Item acrescido pela Lei nº 10.467/2002.

Art. 337-C. Solicitar, exigir, cobrar ou obter, para si ou para outrem, direta ou indiretamente, vantagem ou promessa de vantagem a pretexto de influir em ato praticado por funcionário público estrangeiro no exercício de suas funções, relacionado a transação comercial internacional:

Pena – reclusão, de 2 (dois) a 5 (cinco) anos, e multa.

Parágrafo único. A pena é aumentada da metade, se o agente alega ou insinua que a vantagem é também destinada a funcionário estrangeiro.
- Art. 337-C acrescido pela Lei nº 10.467/2002.
- V. art. 332 do CP.

Funcionário público estrangeiro
- Item acrescido pela Lei nº 10.467/2002.

Art. 337-D. Considera-se funcionário público estrangeiro, para os efeitos penais, quem, ainda que transitoriamente ou sem remuneração, exerce cargo, emprego ou função pública em entidades estatais ou em representações diplomáticas de país estrangeiro.

Parágrafo único. Equipara-se a funcionário público estrangeiro quem exerce cargo, emprego ou função em empresas controladas, diretamente ou indiretamente, pelo Poder Público de país estrangeiro ou em organizações públicas internacionais.
- Art. 337-D acrescido pela Lei nº 10.467/2002.
- V. art. 327 do CP.

CAPÍTULO II-B
DOS CRIMES EM LICITAÇÕES E CONTRATOS ADMINISTRATIVOS
- Capítulo II-B acrescido pela Lei nº 14.133/2021.

Contratação direta ilegal
- Item acrescido pela Lei nº 14.133/2021.

Art. 337-E. Admitir, possibilitar ou dar causa à contratação direta fora das hipóteses previstas em lei:

Pena – reclusão, de 4 (quatro) a 8 (oito) anos, e multa.
- Art. 337-E acrescido pela Lei nº 14.133/2021.

Frustração do caráter competitivo de licitação
- Item acrescido pela Lei nº 14.133/2021.

Art. 337-F. Frustrar ou fraudar, com o intuito de obter para si ou para outrem vantagem decorrente da adjudicação do objeto da licitação, o caráter competitivo do processo licitatório:

Pena – reclusão, de 4 (quatro) anos a 8 (oito) anos, e multa.
* Art. 337-F acrescido pela Lei nº 14.133/2021.

Patrocínio de contratação indevida
* Item acrescido pela Lei nº 14.133/2021.

Art. 337-G. Patrocinar, direta ou indiretamente, interesse privado perante a Administração Pública, dando causa à instauração de licitação ou à celebração de contrato cuja invalidação vier a ser decretada pelo Poder Judiciário:

Pena – reclusão, de 6 (seis) meses a 3 (três) anos, e multa.
* Art. 337-G acrescido pela Lei nº 14.133/2021.

Modificação ou pagamento irregular em contrato administrativo
* Item acrescido pela Lei nº 14.133/2021.

Art. 337-H. Admitir, possibilitar ou dar causa a qualquer modificação ou vantagem, inclusive prorrogação contratual, em favor do contratado, durante a execução dos contratos celebrados com a Administração Pública, sem autorização em lei, no edital da licitação ou nos respectivos instrumentos contratuais, ou, ainda, pagar fatura com preterição da ordem cronológica de sua exigibilidade:

Pena – reclusão, de 4 (quatro) anos a 8 (oito) anos, e multa.
* Art. 337-H acrescido pela Lei nº 14.133/2021.

Perturbação de processo licitatório
* Item acrescido pela Lei nº 14.133/2021.

Art. 337-I. Impedir, perturbar ou fraudar a realização de qualquer ato de processo licitatório:

Pena – detenção, de 6 (seis) meses a 3 (três) anos, e multa.
* Art. 337-I acrescido pela Lei nº 14.133/2021.

Violação de sigilo em licitação
* Item acrescido pela Lei nº 14.133/2021.

Art. 337-J. Devassar o sigilo de proposta apresentada em processo licitatório ou proporcionar a terceiro o ensejo de devassá-lo:

Pena – detenção, de 2 (dois) anos a 3 (três) anos, e multa.
* Art. 337-J acrescido pela Lei nº 14.133/2021.

Afastamento de licitante
* Item acrescido pela Lei nº 14.133/2021.

Art. 337-K. Afastar ou tentar afastar licitante por meio de violência, grave ameaça, fraude ou oferecimento de vantagem de qualquer tipo:

Pena – reclusão, de 3 (três) anos a 5 (cinco) anos, e multa, além da pena correspondente à violência.

Parágrafo único. Incorre na mesma pena quem se abstém ou desiste de licitar em razão de vantagem oferecida.
* Art. 337-K acrescido pela Lei nº 14.133/2021.

Fraude em licitação ou contrato
• Item acrescido pela Lei nº 14.133/2021.

Art. 337-L. Fraudar, em prejuízo da Administração Pública, licitação ou contrato dela decorrente, mediante:

I – entrega de mercadoria ou prestação de serviços com qualidade ou em quantidade diversas das previstas no edital ou nos instrumentos contratuais;

II – fornecimento, como verdadeira ou perfeita, de mercadoria falsificada, deteriorada, inservível para consumo ou com prazo de validade vencido;

III – entrega de uma mercadoria por outra;

IV – alteração da substância, qualidade ou quantidade da mercadoria ou do serviço fornecido;

V – qualquer meio fraudulento que torne injustamente mais onerosa para a Administração Pública a proposta ou a execução do contrato:

Pena – reclusão, de 4 (quatro) anos a 8 (oito) anos, e multa.
• Art. 337-L acrescido pela Lei nº 14.133/2021.

Contratação inidônea
• Item acrescido pela Lei nº 14.133/2021.

Art. 337-M. Admitir à licitação empresa ou profissional declarado inidôneo:

Pena – reclusão, de 1 (um) ano a 3 (três) anos, e multa.

§ 1º. Celebrar contrato com empresa ou profissional declarado inidôneo:

Pena – reclusão, de 3 (três) anos a 6 (seis) anos, e multa.

§ 2º. Incide na mesma pena do *caput* deste artigo aquele que, declarado inidôneo, venha a participar de licitação e, na mesma pena do § 1º deste artigo, aquele que, declarado inidôneo, venha a contratar com a Administração Pública.
• Art. 337-M acrescido pela Lei nº 14.133/2021.

Impedimento indevido
• Item acrescido pela Lei nº 14.133/2021.

Art. 337-N. Obstar, impedir ou dificultar injustamente a inscrição de qualquer interessado nos registros cadastrais ou promover indevidamente a alteração, a suspensão ou o cancelamento de registro do inscrito:

Pena – reclusão, de 6 (seis) meses a 2 (dois) anos, e multa.
• Art. 337-N acrescido pela Lei nº 14.133/2021.

Omissão grave de dado ou de informação por projetista
• Item acrescido pela Lei nº 14.133/2021.

Art. 337-O. Omitir, modificar ou entregar à Administração Pública levantamento cadastral ou condição de contorno em relevante dissonância com a realidade, em frustração ao caráter competitivo da licitação ou em detrimento da seleção da proposta mais vantajosa para a Administração Pública, em contratação para a elaboração de projeto básico, projeto executivo ou anteprojeto, em diálogo competitivo ou em procedimento de manifestação de interesse:

Pena – reclusão, de 6 (seis) meses a 3 (três) anos, e multa.

§ 1º. Consideram-se condição de contorno as informações e os levantamentos suficientes e necessários para a definição da solução de projeto e dos respectivos preços pelo licitante, incluídos sondagens, topografia, estudos de demanda, condições ambientais e demais elementos ambientais impactantes, considerados requisitos mínimos ou obrigatórios em normas técnicas que orientam a elaboração de projetos.

§ 2º. Se o crime é praticado com o fim de obter benefício, direto ou indireto, próprio ou de outrem, aplica-se em dobro a pena prevista no *caput* deste artigo.
* Art. 337-O acrescido pela Lei nº 14.133/2021.

Art. 337-P. A pena de multa cominada aos crimes previstos neste Capítulo seguirá a metodologia de cálculo prevista neste Código e não poderá ser inferior a 2% (dois por cento) do valor do contrato licitado ou celebrado com contratação direta.
* Art. 337-P acrescido pela Lei nº 14.133/2021.

CAPÍTULO III
DOS CRIMES CONTRA A ADMINISTRAÇÃO DA JUSTIÇA

Reingresso de estrangeiro expulso

Art. 338. Reingressar no território nacional o estrangeiro que dele foi expulso:

Pena – reclusão, de 1 (um) a 4 (quatro) anos, sem prejuízo de nova expulsão após o cumprimento da pena.

Denunciação caluniosa

Art. 339. Dar causa à instauração de inquérito policial, de procedimento investigatório criminal, de processo judicial, de processo administrativo disciplinar, de inquérito civil ou de ação de improbidade administrativa contra alguém, imputando-lhe crime, infração ético-disciplinar ou ato ímprobo de que o sabe inocente:
* Art. 339, *caput*, com redação dada pela Lei nº 14.110/2020.

Pena – reclusão, de 2 (dois) a 8 (oito) anos, e multa.

§ 1º. A pena é aumentada de sexta parte, se o agente se serve de anonimato ou de nome suposto.

§ 2º. A pena é diminuída de metade, se a imputação é de prática de contravenção.

Comunicação falsa de crime ou de contravenção

Art. 340. Provocar a ação de autoridade, comunicando-lhe a ocorrência de crime ou de contravenção que sabe não se ter verificado:

Pena – detenção, de 1 (um) a 6 (seis) meses, ou multa.

Autoacusação falsa

Art. 341. Acusar-se, perante a autoridade, de crime inexistente ou praticado por outrem:

Pena – detenção, de 3 (três) meses a 2 (dois) anos, ou multa.

Falso testemunho ou falsa perícia

Art. 342. Fazer afirmação falsa, ou negar ou calar a verdade como testemunha, perito, contador, tradutor ou intérprete em processo judicial, ou administrativo, inquérito policial, ou em juízo arbitral:
- Art. 342, *caput*, com redação dada pela Lei nº 10.268/2001.

Pena – reclusão, de 2 (dois) a 4 (quatro) anos, e multa.
- Pena com redação dada pela Lei nº 12.850/2013.
- Vide Súmula 165 do STJ.

§ 1º. As penas aumentam-se de 1/6 (um sexto) a 1/3 (um terço), se o crime é praticado mediante suborno ou se cometido com o fim de obter prova destinada a produzir efeito em processo penal, ou em processo civil em que for parte entidade da administração pública direta ou indireta.
- § 1º com redação dada pela Lei nº 10.268/2001.

§ 2º. O fato deixa de ser punível se, antes da sentença no processo em que ocorreu o ilícito, o agente se retrata ou declara a verdade.
- § 2º com redação dada pela Lei nº 10.268/2001.

Art. 343. Dar, oferecer ou prometer dinheiro ou qualquer outra vantagem a testemunha, perito, contador, tradutor ou intérprete, para fazer afirmação falsa, negar ou calar a verdade em depoimento, perícia, cálculos, tradução ou interpretação:

Pena – reclusão, de 3 (três) a 4 (quatro) anos, e multa.

Parágrafo único. As penas aumentam-se de 1/6 (um sexto) a 1/3 (um terço), se o crime é cometido com o fim de obter prova destinada a produzir efeito em processo penal ou em processo civil em que for parte entidade da administração pública direta ou indireta.
- Art. 343 com redação dada pela Lei nº 10.268/2001.

Coação no curso do processo

Art. 344. Usar de violência ou grave ameaça, com o fim de favorecer interesse próprio ou alheio, contra autoridade, parte, ou qualquer outra pessoa que funciona ou é chamada a intervir em processo judicial, policial ou administrativo, ou em juízo arbitral:

Pena – reclusão, de 1 (um) a 4 (quatro) anos, e multa, além da pena correspondente à violência.

Parágrafo único. A pena aumenta-se de 1/3 (um terço) até a metade se o processo envolver crime contra a dignidade sexual.
• Parágrafo único acrescido pela Lei nº 14.245/2021.

Exercício arbitrário das próprias razões

Art. 345. Fazer justiça pelas próprias mãos, para satisfazer pretensão, embora legítima, salvo quando a lei o permite:

Pena – detenção, de 15 (quinze) dias a 1 (um) mês, ou multa, além da pena correspondente à violência.

Parágrafo único. Se não há emprego de violência, somente se procede mediante queixa.
• V. art. 100, § 2º, do CP.

Art. 346. Tirar, suprimir, destruir ou danificar coisa própria, que se acha em poder de terceiro por determinação judicial ou convenção:

Pena – detenção, de 6 (seis) meses a 2 (dois) anos, e multa.

Fraude processual

Art. 347. Inovar artificiosamente, na pendência de processo civil ou administrativo, o estado de lugar, de coisa ou de pessoa, com o fim de induzir a erro o juiz ou o perito:

Pena – detenção, de 3 (três) meses a 2 (dois) anos, e multa.

Parágrafo único. Se a inovação se destina a produzir efeito em processo penal, ainda que não iniciado, as penas aplicam-se em dobro.

Favorecimento pessoal

Art. 348. Auxiliar a subtrair-se à ação de autoridade pública autor de crime a que é cominada pena de reclusão:

Pena – detenção, de 1 (um) a 6 (seis) meses, e multa.

§ 1º. Se ao crime não é cominada pena de reclusão:

Pena – detenção, de 15 (quinze) dias a 3 (três) meses, e multa.

§ 2º. Se quem presta o auxílio é ascendente, descendente, cônjuge ou irmão do criminoso, fica isento de pena.

Favorecimento real

Art. 349. Prestar a criminoso, fora dos casos de coautoria ou de receptação, auxílio destinado a tornar seguro o proveito do crime:

Pena – detenção, de 1 (um) a 6 (seis) meses, e multa.

Art. 349-A. Ingressar, promover, intermediar, auxiliar ou facilitar a entrada de aparelho telefônico de comunicação móvel, de rádio ou similar, sem autorização legal, em estabelecimento prisional.

Pena: detenção, de 3 (três) meses a 1 (um) ano.
• Art. 349-A acrescido pela Lei nº 12.012/2009.
• V. art. 319-A do CP.

Exercício arbitrário ou abuso de poder

Art. 350. (Revogado).
• Art. 350 revogado pela Lei nº 13.869/2019.

Fuga de pessoa presa ou submetida a medida de segurança

Art. 351. Promover ou facilitar a fuga de pessoa legalmente presa ou submetida a medida de segurança detentiva:

Pena – detenção, de 6 (seis) meses a 2 (dois) anos.
• V. art. 75 do STJ.

§ 1º. Se o crime é praticado a mão armada, ou por mais de 1 (uma) pessoa, ou mediante arrombamento, a pena é de reclusão, de 2 (dois) a 6 (seis) anos.

§ 2º. Se há emprego de violência contra pessoa, aplica-se também a pena correspondente à violência.

§ 3º. A pena é de reclusão, de 1 (um) a 4 (quatro) anos, se o crime é praticado por pessoa sob cuja custódia ou guarda está o preso ou o internado.

§ 4º. No caso de culpa do funcionário incumbido da custódia ou guarda, aplica-se a pena de detenção, de 3 (três) meses a 1 (um) ano, ou multa.

Evasão mediante violência contra a pessoa

Art. 352. Evadir-se ou tentar evadir-se o preso ou o indivíduo submetido a medida de segurança detentiva, usando de violência contra a pessoa:

Pena – detenção, de 3 (três) meses a 1 (um) ano, além da pena correspondente à violência.

Arrebatamento de preso

Art. 353. Arrebatar preso, a fim de maltratá-lo, do poder de quem o tenha sob custódia ou guarda:

Pena – reclusão, de 1 (um) a 4 (quatro) anos, além da pena correspondente à violência.

Motim de presos

Art. 354. Amotinarem-se presos, perturbando a ordem ou disciplina da prisão:

Pena – detenção, de 6 (seis) meses a 2 (dois) anos, além da pena correspondente à violência.

Patrocínio infiel

Art. 355. Trair, na qualidade de advogado ou procurador, o dever profissional, prejudicando interesse, cujo patrocínio, em juízo, lhe é confiado:

Pena – detenção, de 6 (seis) meses a 3 (três) anos, e multa.

Patrocínio simultâneo ou tergiversação

Parágrafo único. Incorre na pena deste artigo o advogado ou procurador judicial que defende na mesma causa, simultânea ou sucessivamente, partes contrárias.

Sonegação de papel ou objeto de valor probatório

Art. 356. Inutilizar, total ou parcialmente, ou deixar de restituir autos, documento ou objeto de valor probatório, que recebeu na qualidade de advogado ou procurador:

Pena – detenção, de 6 (seis) meses a 3 (três) anos, e multa.

Exploração de prestígio

Art. 357. Solicitar ou receber dinheiro ou qualquer outra utilidade, a pretexto de influir em juiz, jurado, órgão do Ministério Público, funcionário de justiça, perito, tradutor, intérprete ou testemunha:

Pena – reclusão, de 1 (um) a 5 (cinco) anos, e multa.

Parágrafo único. As penas aumentam-se de 1/3 (um terço), se o agente alega ou insinua que o dinheiro ou utilidade também se destina a qualquer das pessoas referidas neste artigo.

Violência ou fraude em arrematação judicial

Art. 358. Impedir, perturbar ou fraudar arrematação judicial; afastar ou procurar afastar concorrente ou licitante, por meio de violência, grave ameaça, fraude ou oferecimento de vantagem:

Pena – detenção, de 2 (dois) meses a 1 (um) ano, ou multa, além da pena correspondente à violência.

Desobediência a decisão judicial sobre perda ou suspensão de direito

Art. 359. Exercer função, atividade, direito, autoridade ou múnus, de que foi suspenso ou privado por decisão judicial:

Pena – detenção, de 3 (três) meses a 2 (dois) anos, ou multa.

CAPÍTULO IV
DOS CRIMES CONTRA AS FINANÇAS PÚBLICAS

• Capítulo IV acrescido pela Lei nº 10.028/2000.

Contratação de operação de crédito

• Item acrescido pela Lei nº 10.028/2000.

Art. 359-A. Ordenar, autorizar ou realizar operação de crédito, interno ou externo, sem prévia autorização legislativa:

Pena – reclusão, de 1 (um) a 2 (dois) anos.

Parágrafo único. Incide na mesma pena quem ordena, autoriza ou realiza operação de crédito, interno ou externo:

I – com inobservância de limite, condição ou montante estabelecido em lei ou em resolução do Senado Federal;

II – quando o montante da dívida consolidada ultrapassa o limite máximo autorizado por lei.
* Art. 359-A acrescido pela Lei nº 10.028/2000.

Inscrição de despesas não empenhadas em restos a pagar
* Item acrescido pela Lei nº 10.028/2000.

Art. 359-B. Ordenar ou autorizar a inscrição em restos a pagar, de despesa que não tenha sido previamente empenhada ou que exceda limite estabelecido em lei:

Pena – detenção, de 6 (seis) meses a 2 (dois) anos.
* Art. 359-B acrescido pela Lei nº 10.028/2000.

Assunção de obrigação no último ano do mandato ou legislatura
* Item acrescido pela Lei nº 10.028/2000.

Art. 359-C. Ordenar ou autorizar a assunção de obrigação, nos dois últimos quadrimestres do último ano do mandato ou legislatura, cuja despesa não possa ser paga no mesmo exercício financeiro ou, caso reste parcela a ser paga no exercício seguinte, que não tenha contrapartida suficiente de disponibilidade de caixa:

Pena – reclusão, de 1 (um) a 4 (quatro) anos.
* Art. 359-C acrescido pela Lei nº 10.028/2000.

Ordenação de despesa não autorizada
* Item acrescido pela Lei nº 10.028/2000.

Art. 359-D. Ordenar despesa não autorizada por lei:

Pena – reclusão, de 1 (um) a 4 (quatro) anos.
* Art. 359-D acrescido pela Lei nº 10.028/2000.

Prestação de garantia graciosa
* Item acrescido pela Lei nº 10.028/2000.

Art. 359-E. Prestar garantia em operação de crédito sem que tenha sido constituída contragarantia em valor igual ou superior ao valor da garantia prestada, na forma da lei:

Pena – detenção, de 3 (três) meses a 1 (um) ano.
* Art. 359-E acrescido pela Lei nº 10.028/2000.

Não cancelamento de restos a pagar
• Item acrescido pela Lei nº 10.028/2000.

Art. 359-F. Deixar de ordenar, de autorizar ou de promover o cancelamento do montante de restos a pagar inscrito em valor superior ao permitido em lei:

Pena – detenção, de 6 (seis) meses a 2 (dois) anos.
• Art. 359-F acrescido pela Lei nº 10.028/2000.

Aumento de despesa total com pessoal no último ano do mandato ou legislatura
• Item acrescido pela Lei nº 10.028/2000.

Art. 359-G. Ordenar, autorizar ou executar ato que acarrete aumento de despesa total com pessoal, nos 180 (cento e oitenta) dias anteriores ao final do mandato ou da legislatura:

Pena – reclusão, de 1 (um) a 4 (quatro) anos.
• Art. 359-G acrescido pela Lei nº 10.028/2000.

Oferta pública ou colocação de títulos no mercado
• Item acrescido pela Lei nº 10.028/2000.

Art. 359-H. Ordenar, autorizar ou promover a oferta pública ou a colocação no mercado financeiro de títulos da dívida pública sem que tenham sido criados por lei ou sem que estejam registrados em sistema centralizado de liquidação e de custódia:

Pena – reclusão, de 1 (um) a 4 (quatro) anos.
• Art. 359-H acrescido pela Lei nº 10.028/2000.

TÍTULO XII
DOS CRIMES CONTRA O ESTADO DEMOCRÁTICO DE DIREITO
• Título XII acrescido pela Lei nº 14.197/2021.

CAPÍTULO I
DOS CRIMES CONTRA A SOBERANIA NACIONAL
• Capítulo I acrescido pela Lei nº 14.197/2021.

Atentado à soberania
• Item acrescido pela Lei nº 14.197/2021.

Art. 359-I. Negociar com governo ou grupo estrangeiro, ou seus agentes, com o fim de provocar atos típicos de guerra contra o País ou invadi-lo:

Pena – reclusão, de 3 (três) a 8 (oito) anos.

§ 1º. Aumenta-se a pena de metade até o dobro, se declarada guerra em decorrência das condutas previstas no *caput* deste artigo.

§ 2º. Se o agente participa de operação bélica com o fim de submeter o território nacional, ou parte dele, ao domínio ou à soberania de outro país:

Pena – reclusão, de 4 (quatro) a 12 (doze) anos.
• Art. 359-I acrescido pela Lei nº 14.197/2021.

Atentado à integridade nacional
- Item acrescido pela Lei nº 14.197/2021.

Art. 359-J. Praticar violência ou grave ameaça com a finalidade de desmembrar parte do território nacional para constituir país independente:

Pena – reclusão, de 2 (dois) a 6 (seis) anos, além da pena correspondente à violência.
- Art. 359-J acrescido pela Lei nº 14.197/2021.

Espionagem
- Item acrescido pela Lei nº 14.197/2021.

Art. 359-K. Entregar a governo estrangeiro, a seus agentes, ou a organização criminosa estrangeira, em desacordo com determinação legal ou regulamentar, documento ou informação classificados como secretos ou ultrassecretos nos termos da lei, cuja revelação possa colocar em perigo a preservação da ordem constitucional ou a soberania nacional:

Pena – reclusão, de 3 (três) a 12 (doze) anos.

§ 1º. Incorre na mesma pena quem presta auxílio a espião, conhecendo essa circunstância, para subtraí-lo à ação da autoridade pública.

§ 2º. Se o documento, dado ou informação é transmitido ou revelado com violação do dever de sigilo:

Pena – reclusão, de 6 (seis) a 15 (quinze) anos.

§ 3º. Facilitar a prática de qualquer dos crimes previstos neste artigo mediante atribuição, fornecimento ou empréstimo de senha, ou de qualquer outra forma de acesso de pessoas não autorizadas a sistemas de informações:

Pena – detenção, de 1 (um) a 4 (quatro) anos.

§ 4º. Não constitui crime a comunicação, a entrega ou a publicação de informações ou de documentos com o fim de expor a prática de crime ou a violação de direitos humanos.
- Art. 359-K acrescido pela Lei nº 14.197/2021.

CAPÍTULO II
DOS CRIMES CONTRA AS INSTITUIÇÕES DEMOCRÁTICAS
- Capítulo II acrescido pela Lei nº 14.197/2021.

Abolição violenta do Estado Democrático de Direito
- Item acrescido pela Lei nº 14.197/2021.

Art. 359-L. Tentar, com emprego de violência ou grave ameaça, abolir o Estado Democrático de Direito, impedindo ou restringindo o exercício dos poderes constitucionais:

Pena – reclusão, de 4 (quatro) a 8 (oito) anos, além da pena correspondente à violência.
- Art. 359-L acrescido pela Lei nº 14.197/2021.

Golpe de Estado
• Item acrescido pela Lei nº 14.197/2021.

Art. 359-M. Tentar depor, por meio de violência ou grave ameaça, o governo legitimamente constituído:

Pena – reclusão, de 4 (quatro) a 12 (doze) anos, além da pena correspondente à violência.
• Art. 359-M acrescido pela Lei nº 14.197/2021.

CAPÍTULO III
DOS CRIMES CONTRA O FUNCIONAMENTO DAS INSTITUIÇÕES DEMOCRÁTICAS NO PROCESSO ELEITORAL
• Capítulo III acrescido pela Lei nº 14.197/2021.

Interrupção do processo eleitoral
• Item acrescido pela Lei nº 14.197/2021.

Art. 359-N. Impedir ou perturbar a eleição ou a aferição de seu resultado, mediante violação indevida de mecanismos de segurança do sistema eletrônico de votação estabelecido pela Justiça Eleitoral:

Pena – reclusão, de 3 (três) a 6 (seis) anos, e multa.
• Art. 359-N acrescido pela Lei nº 14.197/2021.

(Vetado)
• Item acrescido pela Lei nº 14.197/2021.

Art. 359-O. (Vetado).
• Art. 359-O acrescido pela Lei nº 14.197/2021.

Violência política
• Item acrescido pela Lei nº 14.197/2021.

Art. 359-P. Restringir, impedir ou dificultar, com emprego de violência física, sexual ou psicológica, o exercício de direitos políticos a qualquer pessoa em razão de seu sexo, raça, cor, etnia, religião ou procedência nacional:

Pena – reclusão, de 3 (três) a 6 (seis) anos, e multa, além da pena correspondente à violência.
• Art. 359-P acrescido pela Lei nº 14.197/2021.

(Vetado)
• Item acrescido pela Lei nº 14.197/2021.

Art. 359-Q. (Vetado).
• Art. 359-Q acrescido pela Lei nº 14.197/2021.

CAPÍTULO IV
DOS CRIMES CONTRA O FUNCIONAMENTO DOS SERVIÇOS ESSENCIAIS
• Capítulo IV acrescido pela Lei nº 14.197/2021.

Sabotagem
• Item acrescido pela Lei nº 14.197/2021.

Art. 359-R. Destruir ou inutilizar meios de comunicação ao público, estabelecimentos, instalações ou serviços destinados à defesa nacional, com o fim de abolir o Estado Democrático de Direito:

Pena – reclusão, de 2 (dois) a 8 (oito) anos.
• Art. 359-R acrescido pela Lei nº 14.197/2021.

CAPÍTULO V
(VETADO)
- Capítulo V acrescido pela Lei nº 14.197/2021.

Art. 359-S. (Vetado).
- Art. 359-S acrescido pela Lei nº 14.197/2021.

CAPÍTULO VI
DISPOSIÇÕES COMUNS
- Capítulo VI acrescido pela Lei nº 14.197/2021.

Art. 359-T. Não constitui crime previsto neste Título a manifestação crítica aos poderes constitucionais nem a atividade jornalística ou a reivindicação de direitos e garantias constitucionais por meio de passeatas, de reuniões, de greves, de aglomerações ou de qualquer outra forma de manifestação política com propósitos sociais.
- Art. 359-T acrescido pela Lei nº 14.197/2021.

(Vetado)
- Item acrescido pela Lei nº 14.197/2021.

Art. 359-U. (Vetado).
- Art. 359-U acrescido pela Lei nº 14.197/2021.

DISPOSIÇÕES FINAIS

Art. 360. Ressalvada a legislação especial sobre os crimes contra a existência, a segurança e a integridade do Estado e contra a guarda e o emprego da economia popular, os crimes de imprensa e os de falência, os de responsabilidade do Presidente da República e dos Governadores ou Interventores, e os crimes militares, revogam-se as disposições em contrário.

Art. 361. Este Código entrará em vigor no dia 1º de janeiro de 1942.

Rio de Janeiro, 7 de dezembro de 1940; 119º da Independência e 52º da República.

Getúlio Vargas

DOU de 31.12.1940

Retificação DOU de 3.1.1941

ANEXOS
Os artigos citados entre colchetes remetem à base legal da jurisprudência.

Anexo I
SÚMULAS DO SUPREMO TRIBUNAL FEDERAL
Disponíveis em: https://portal.stf.jus.br/jurisprudencia/sumariosumulas.asp?base=30.
Acesso em: 19.3.2025. (Atualizadas até a Súmula 736.)

145 • [art. 17 do CP] • Não há crime, quando a preparação do flagrante pela polícia torna impossível a sua consumação.

146 • [art. 110 do CP] • A prescrição da ação penal regula-se pela pena concretizada na sentença, quando não há recurso da acusação.

246 • [art. 171, § 2º, VI, do CP] • Comprovado não ter havido fraude, não se configura o crime de emissão de cheque sem fundos.

362 • [art. 50 da LCP] • A condição de ter o clube sede própria para a prática de jogo lícito não o obriga a ser proprietário do imóvel em que tem sede.

396 • [art. 139 do CP] • Para a ação penal por ofensa à honra, sendo admissível a exceção da verdade quanto ao desempenho de função pública, prevalece a competência especial por prerrogativa de função, ainda que já tenha cessado o exercício funcional do ofendido.

420 • [art. 9º do CP] • Não se homologa sentença proferida no estrangeiro sem prova do trânsito em julgado.

497 • [arts. 71, 110 e 119 do CP] • Quando se tratar de crime continuado, a prescrição regula-se pela pena imposta na sentença, não se computando o acréscimo decorrente da continuação.

521 • [art. 171, § 2º, VI, do CP] • O foro competente para o processo e julgamento dos crimes de estelionato, sob a modalidade da emissão dolosa de cheque sem provisão de fundos, é o do local onde se deu a recusa do pagamento pelo sacado.

525 • [art. 96 do CP] • A medida de segurança não será aplicada em segunda instância, quando só o réu tenha recorrido.

554 • [arts. 16; e 171, § 2º, VI, do CP] • O pagamento de cheque emitido sem provisão de fundos, após o recebimento da denúncia, não obsta ao prosseguimento da ação penal.

560 • [arts. 318, 334 e 334-A do CP] • A extinção de punibilidade, pelo pagamento do tributo devido, estende-se ao crime de contrabando ou descaminho, por força do art. 18, § 2º, do Decreto-Lei nº 157/1967.

594 • [art. 103 do CP] • Os direitos de queixa e de representação podem ser exercidos, independentemente, pelo ofendido ou por seu representante legal.

604 • [art. 110 do CP] • A prescrição pela pena em concreto é somente da pretensão executória da pena privativa de liberdade.

605 • [arts. 121 a 128 do CP] • Não se admite continuidade delitiva nos crimes contra a vida.

610 • [arts. 14; e 157, § 3º, do CP] • Há crime de latrocínio, quando o homicídio se consuma, ainda que não realize o agente a subtração de bens da vítima.

611 • [art. 2º do CP] • Transitada em julgado a sentença condenatória, compete ao Juízo das execuções a aplicação de lei mais benigna.

693 • [art. 51 do CP] • Não cabe *habeas corpus* contra decisão condenatória a pena de multa, ou relativo a processo em curso por infração penal a que a pena pecuniária seja a única cominada.

694 • [art. 92 do CP] • Não cabe *habeas corpus* contra a imposição da pena de exclusão de militar ou de perda de patente ou de função pública.

711 • [arts. 2º; 4º; 71; e 111, III, do CP] • A lei penal mais grave aplica-se ao crime continuado ou ao crime permanente, se a sua vigência é anterior à cessação da continuidade ou da permanência.

714 • [arts. 100 e 145 do CP] • É concorrente a legitimidade do ofendido, mediante queixa, e do Ministério Público, condicionada à representação do ofendido, para a ação penal por crime contra a honra de servidor público em razão do exercício de suas funções.

715 • [arts. 33, § 2º; 75, § 1º; e 83 do CP] • A pena unificada para atender ao limite de 30 (trinta) anos de cumprimento, determinado pelo art. 75 do Código Penal, não é considerada para a concessão de outros benefícios, como o livramento condicional ou regime mais favorável de execução.

716 • [art. 33, § 2º, do CP] • Admite-se a progressão de regime de cumprimento da pena ou a aplicação imediata de regime menos severo nela determinada, antes do trânsito em julgado da sentença condenatória.

717 • [art. 33, § 2º, do CP] • Não impede a progressão de regime de execução da pena, fixada em sentença não transitada em julgado, o fato de o réu se encontrar em prisão especial.

718 • [art. 33, § 2º, do CP] • A opinião do julgador sobre a gravidade em abstrato do crime não constitui motivação idônea para a imposição de regime mais severo do que o permitido segundo a pena aplicada.

719 • [art. 33, § 2º, do CP] • A imposição do regime de cumprimento mais severo do que a pena aplicada permitir exige motivação idônea.

720 • [art. 32 da LCP] • O art. 309 do Código de Trânsito Brasileiro, que reclama decorra do fato perigo de dano, derrogou o art. 32 da Lei das Contravenções Penais no tocante à direção sem habilitação em vias terrestres.

722 • [art. 1º do CP] • São da competência legislativa da União a definição dos crimes de responsabilidade e o estabelecimento das respectivas normas de processo e julgamento.

723 • [art. 71 do CP] • Não se admite a suspensão condicional do processo por crime continuado, se a soma da pena mínima da infração mais grave com o aumento mínimo de 1/6 (um sexto) for superior a 1 (um) ano.

Anexo II
SÚMULAS VINCULANTES DO
SUPREMO TRIBUNAL FEDERAL

Disponíveis em: https://portal.stf.jus.br/jurisprudencia/sumariosumulas.asp?base=26.
Acesso em: 19.3.2025. (Atualizadas até a Súmula Vinculante 62.)

9 • [art. 39 do CP] • O disposto no art. 127 da Lei nº 7.210/1984 (Lei de Execução Penal) foi recebido pela ordem constitucional vigente, e não se lhe aplica o limite temporal previsto no *caput* do art. 58.

11 • [arts. 322 e 350 do CP] • Só é lícito o uso de algemas em casos de resistência e de fundado receio de fuga ou de perigo à integridade física própria ou alheia, por parte do preso ou de terceiros, justificada a excepcionalidade por escrito, sob pena de responsabilidade disciplinar, civil e penal do agente ou da autoridade e de nulidade da prisão ou do ato processual a que se refere, sem prejuízo da responsabilidade civil do Estado.

24 • [arts. 14 e 111 do CP] • Não se tipifica crime material contra a ordem tributária, previsto no art. 1º, incisos I a IV, da Lei nº 8.137/1990, antes do lançamento definitivo do tributo.

25 • [art. 51 do CP] • É ilícita a prisão civil de depositário infiel, qualquer que seja a modalidade de depósito.

26 • [arts. 33, § 3º; e 59 do CP] • Para efeito de progressão de regime no cumprimento de pena por crime hediondo, ou equiparado, o juízo da execução observará a inconstitucionalidade do art. 2º da Lei nº 8.072, de 25 de julho de 1990, sem prejuízo de avaliar se o condenado preenche, ou não, os requisitos objetivos e subjetivos do benefício, podendo determinar, para tal fim, de modo fundamentado, a realização de exame criminológico.

36 • [arts. 296 a 305 do CP] • Compete à Justiça Federal comum processar e julgar civil denunciado pelos crimes de falsificação e de uso de documento falso quando se tratar de falsificação da Caderneta de Inscrição e Registro (CIR) ou de Carteira de Habilitação de Amador (CHA), ainda que expedidas pela Marinha do Brasil.

59 • [arts. 33, § 2º, "c"; 44; e 59 do CP; e art. 33, § 4º, da Lei nº 11.343/2006] • É impositiva a fixação do regime aberto e a substituição da pena privativa de liberdade por restritiva de direitos quando reconhecida a figura do tráfico privilegiado (art. 33, § 4º, da Lei 11.343/06) e ausentes vetores negativos na primeira fase da dosimetria (art. 59 do CP), observados os requisitos do art. 33, § 2º, alínea c, e do art. 44, ambos do Código Penal.

Anexo III
TEMAS COM REPERCUSSÃO GERAL DO SUPREMO TRIBUNAL FEDERAL

Disponíveis em: https://portal.stf.jus.br/jurisprudenciaRepercussao/pesquisarProcesso.asp.
Acesso em: 19.3.2025. (Com 709 teses com trânsito em julgado.)

59 • [Lei dos Crimes Hediondos] • A Lei nº 11.464/07, que majorou o tempo necessário para progressão no cumprimento da pena, não se aplica a situações jurídicas que retratem crime hediondo ou equiparado cometido em momento anterior à respectiva vigência.

113 • O art. 25 da Lei de Contravenções Penais (Decreto-Lei nº 3.688/1941) não foi recepcionado pela Constituição de 1988, por violar os princípios da dignidade da pessoa humana (CF, art. 1º, III) e da isonomia (CF, art. 5º, *caput* e I).

129 • [art. 59 do CP] • Qualquer decisão do Poder Judiciário que rejeite denúncia, que impronuncie ou absolva, sumariamente, os réus ou, ainda, que ordene a extinção, em sede de *habeas corpus*, de procedimentos penais não transgride o monopólio constitucional da ação penal pública (CF, art. 129, I) nem ofende os postulados do juiz natural (CF, art. 5º, inciso LIII) e da soberania do veredicto do Júri (CF, art. 5º, inciso XXXVIII, "c").

158 • [art. 26 do CP] • Circunstância atenuante genérica não pode conduzir à redução da pena abaixo do mínimo legal.

239 • [art. 109 do CP] • É inadmissível a extinção da punibilidade em virtude da decretação da prescrição "em perspectiva, projetada ou antecipada", isto é, com base em previsão da pena que hipoteticamente seria aplicada, independentemente da existência ou sorte do processo criminal.

370 • [art. 44, *caput*, do CP] • A suspensão de direitos políticos prevista no art. 15, inc. III, da Constituição Federal aplica-se no caso de substituição da pena privativa de liberdade pela restritiva de direitos.

438 • [art. 109 do CP] • Em caso de inatividade processual decorrente de citação por edital, ressalvados os crimes previstos na Constituição Federal como imprescritíveis, é constitucional limitar o período de suspensão do prazo prescricional ao tempo de prescrição da pena máxima em abstrato cominada ao crime, a despeito de o processo permanecer suspenso.

486 • É constitucional a imposição da pena de suspensão de habilitação para dirigir veículo automotor ao motorista profissional condenado por homicídio culposo no trânsito.

647 • [art. 91, II, "b", do CP] • É possível o confisco de todo e qualquer bem de valor econômico apreendido em decorrência do tráfico de drogas, sem a necessidade de se perquirir a habitualidade, reiteração do uso do bem para tal finalidade, a sua modificação para dificultar a descoberta do local do acondicionamento da droga ou qualquer outro requisito além daqueles previstos expressamente no art. 243, parágrafo único, da Constituição Federal.

1003 • [art. 273 do CP] • É inconstitucional a aplicação do preceito secundário do art. 273 do Código Penal, com redação dada pela Lei nº 9.677/98 (reclusão, de 10 a 15 anos, e multa), à hipótese prevista no seu § 1º-B, I, que versa sobre a importação de medicamento sem registro no órgão de vigilância sanitária. Para esta situação específica, fica repristinado o preceito secundário do art. 273, na redação originária (reclusão, de 1 a 3 anos, e multa).

1246 • [art. 268 do CP] • O art. 268 do Código Penal veicula norma penal em branco que pode ser complementada por atos normativos infralegais editados pelos entes federados (União, Estados, Distrito Federal e Municípios), respeitadas as respectivas esferas de atuação, sem que isso implique ofensa à competência privativa da União para legislar sobre direito penal (CF, art. 22, I).

Anexo IV
SÚMULAS DO SUPERIOR TRIBUNAL DE JUSTIÇA

Disponíveis em: https://scon.stj.jus.br/SCON/pesquisar.jsp?b=SUMU&tipo=sumula.
Acesso em: 19.3.2025. (Atualizadas até a Súmula 676.)

17 • [arts. 70 e 296 a 305 do CP] • Quando o falto se exaure no estelionato, sem mais potencialidade lesiva, é por este absorvido.

18 • [arts. 120 e 242 do CP] • A sentença concessiva do perdão judicial é declaratória da extinção da punibilidade, não subsistindo qualquer efeito condenatório.

24 • [art. 171, § 3º, do CP] • Aplica-se ao crime de estelionato, em que figure como vítima entidade autárquica da Previdência Social, a qualificadora do § 3º do art. 171 do Código Penal.

38 • [art. 17 da LCP] • Compete a Justiça Estadual comum, na vigência da Constituição de 1988, o processo por contravenção penal, ainda que praticada em detrimento de bens, serviços ou interesse da União ou de suas Entidades.

40 • [art. 34 do CP] • Para obtenção dos benefícios de saída temporária e trabalho externo, considera-se o tempo de cumprimento da pena no regime fechado.

73 • [art. 289 do CP] • A utilização de papel moeda grosseiramente falsificado configura, em tese, o crime de estelionato, da competência da Justiça Estadual.

74 • [arts. 65 e 115 do CP] • Para efeitos penais, o reconhecimento da menoridade do réu requer prova por documento hábil.

75 • [art. 351 do CP] • Compete à Justiça Comum Estadual processar e julgar o policial militar por crime de promover ou facilitar a fuga de preso de estabelecimento penal.

96 • [arts. 14, II; e 158, § 2º, do CP] • O crime de extorsão consuma-se independentemente da obtenção da vantagem indevida.

104 • [arts. 296 a 305 do CP] • Compete a Justiça Estadual o processo e julgamento dos crimes de falsificação e uso de documento falso relativo ao estabelecimento particular de ensino.

151 • [arts. 318, 334 e 334-A do CP] • A competência para o processo e julgamento por crime de contrabando ou descaminho define-se pela prevenção do juízo federal do lugar da apreensão dos bens.

165 • [art. 342 do CP] • Compete à Justiça Federal processar e julgar crime de falso testemunho cometido no processo trabalhista.

171 • [arts. 12; e 44, § 2º, do CP] • Cominadas cumulativamente, em Lei Especial, penas privativa de liberdade e pecuniária, é defeso a substituição da prisão por multa.

191 • [arts. 109 e 117 do CP] • A pronúncia é causa interruptiva da prescrição, ainda que o Tribunal do Juri venha a desclassificar o crime.

200 • [arts. 296 a 305 e 308 do CP] • O Juízo Federal competente para processo e julgar acusado de crime de uso de passaporte falso é o do lugar onde o delito se consumou.

220 • [arts. 109 e 110 do CP] • A reincidência não influi no prazo da prescrição da pretensão punitiva.

231 • [arts. 59 e 65 do CP] • A incidência de circunstância atenuante não pode conduzir à redução da pena abaixo do mínimo legal.

234 • [art. 100, § 1º, do CP] • A participação de membro do Ministério Público na fase investigatória criminal não acarreta o seu impedimento ou suspeição para o oferecimento da denúncia.

241 • [arts. 61, 67 e 68 do CP] • A reincidência penal não pode ser considerada como circuntância agravante e, simultaneamente, como circunstância judicial.

243 • [arts. 69, 70 e 71 do CP] • O benefício da suspensão do processo não é aplicável em relação às infrações penais cometidas em concurso material, concurso formal ou continuidade delitiva, quando a pena mínima cominada, seja pelo somatório, seja pela incidência da majorante, ultrapassar o limite de 1 (um) ano.

244 • [art. 171, § 2º, VI, do CP] • Compete ao foro do local da recusa processar e julgar o crime de estelionato mediante cheque sem provisão de fundos.

269 • [arts. 33, § 2º; e 59 do CP] • É admissível a adoção do regime prisional semiaberto aos reincidentes condenados a pena igual ou inferior a 4 (quatro) anos se favoráveis as circunstâncias judiciais.

338 • [arts. 109 e 110 do CP] • A prescrição penal é aplicável nas medidas socioeducativas.

341 • [arts. 35, § 2º; e 39 do CP] • A frequência a curso de ensino formal é causa de remição de parte do tempo de execução de pena sob regime fechado ou semiaberto.

415 • [arts. 109 e 116 do CP] • O período de suspensão do prazo prescricional é regulado pelo máximo da pena cominada.

438 • [arts. 109 e 110 do CP] • É inadmissível a extinção da punibilidade pela prescrição da pretensão punitiva com fundamento em pena hipotética, independentemente da existência ou sorte do processo penal.

439 • [art. 34 do CP] • Admite-se o exame criminológico pelas peculiaridades do caso, desde que em decisão motivada.

440 • [arts. 33, § 2º; e 59 do CP] • Fixada a pena-base no mínimo legal, é vedado o estabelecimento de regime prisional mais gravoso do que o cabível em razão da sanção imposta, com base apenas na gravidade abstrata do delito.

441 • [art. 83 do CP] • A falta grave não interrompe o prazo para obtenção de livramento condicional.

442 • [arts. 155, § 4º, IV; e 157, § 2º, II, do CP] • É inadmissível aplicar, no furto qualificado, pelo concurso de agentes, a majorante do roubo.

443 • [arts. 68; e 157, § 2º, do CP] • O aumento na terceira fase de aplicação da pena no crime de roubo circunstanciado exige fundamentação concreta, não sendo suficiente para a sua exasperação a mera indicação do número de majorantes.

444 • [arts. 59 e 61 do CP] • É vedada a utilização de inquéritos policiais e ações penais em curso para agravar a pena-base.

493 • [art. 44 do CP] • É inadmissível a fixação de pena substitutiva (art. 44 do CP) como condições especial ao regime aberto.

500 • [art. 218 do CP] • A configuração do crime do art. 244-B do ECA independe da prova da efetiva corrupção do menor, por se tratar de delito formal.

501 • [art. 107, III, do CP] • É cabível a aplicação retroativa da Lei nº 11.343/2006, desde que o resultado da incidência das suas disposições, na íntegra, seja mais favorável ao réu do que o advindo da aplicação da Lei nº 6.368/1976, sendo vedada a combinação de leis.

502 • [art. 184, § 2º, do CP] • Presentes a materialidade e a autoria, afigura-se típica, em relação ao crime previsto no art. 184, § 2º, do CP, a conduta de expor à venda CDs e DVDs piratas.

511 • [art. 155, § 2º, do CP] • É possível o reconhecimento do privilégio previsto no § 2º do art. 155 do CP nos casos de crime de furto qualificado, se estiverem presentes a primariedade do agente, o pequeno valor da coisa e a qualificadora for de ordem objetiva.

513 • [art. 19 da LCP] • A *abolitio criminis* temporária prevista na Lei nº 10.826/2003 aplica-se ao crime de posse de arma de fogo de uso permitido com numeração, marca ou qualquer outro sinal de identificação raspado, suprimido ou adulterado, praticado somente até 23/10/2005.

522 • [art. 307 do CP] • A conduta de atribuir-se falsa identidade perante autoridade policial é típica, ainda que em situação de alegada autodefesa.

527 • [arts. 75, *caput*; 97; 109; e 110 do CP] • O tempo de duração da medida de segurança não deve ultrapassar o limite máximo da pena abstratamente cominada ao delito praticado.

545 • [art. 65, III, "d", do CP] • Quando a confissão for utilizada para a formação do convencimento do julgador, o réu fará jus à atenuante prevista no art. 65, III, d, do Código Penal.

567 • [arts. 14, II; 17; e 155, *caput*, do CP] • Sistema de vigilância realizado por monitoramento eletrônico ou por existência de segurança no interior de estabelecimento comercial, por si só, não torna impossível a configuração do crime de furto.

574 • [art. 184 do CP] • Para a configuração do delito de violação de direito autoral e a comprovação de sua materialidade, é suficiente a perícia realizada por amostragem do produto apreendido, nos aspectos externos do material, e é desnecessária a identificação dos titulares dos direitos autorais violados ou daqueles que os representam.

575 • [arts. 129 e 163 do CP] • Constitui crime a conduta de permitir, confiar ou entregar a direção de veículo automotor a pessoa que não seja habilitada, ou que se encontre em qualquer das situações previstas no art. 310 do CTB, independentemente da ocorrência de lesão ou de perigo de dano concreto na condução do veículo.

582 • [art. 157 do CP] • Consuma-se o crime de roubo com a inversão da posse do bem mediante emprego de violência ou grave ameaça, ainda que por breve tempo e em seguida à perseguição imediata ao agente e recuperação da coisa roubada, sendo prescindível a posse mansa e pacífica ou desvigiada.

588 • [art. 61, "f", do CP; e art. 21 da LCP] • A prática de crime ou contravenção penal contra a mulher com violência ou grave ameaça no ambiente doméstico impossibilita a substituição da pena privativa de liberdade por restritiva de direitos.

589 • [art. 61, "f", do CP; e art. 21 da LCP] • É inaplicável o princípio da insignificância nos crimes ou contravenções penais praticados contra a mulher no âmbito das relações domésticas.

593 • [arts. 213, § 1º; e 217-A do CP] • O crime de estupro de vulnerável se configura com a conjunção carnal ou prática de ato libidinoso com menor de 14 anos, sendo irrelevante eventual consentimento da vítima para a prática do ato, sua experiência sexual anterior ou existência de relacionamento amoroso com o agente.

599 • [art. 312 ss do CP] • O princípio da insignificância é inaplicável aos crimes contra a administração pública.

605 • [art. 27 do CP] • A superveniência da maioridade penal não interfere na apuração de ato infracional nem na aplicabilidade de medida socioeducativa em curso, inclusive na liberdade assistida, enquanto não atingida a idade de 21 anos.

617 • [art. 90 do CP] • A ausência de suspensão ou revogação do livramento condicional antes do término do período de prova enseja a extinção da punibilidade pelo integral cumprimento da pena.

630 • [art. 68 do CP] • A incidência da atenuante da confissão espontânea no crime de tráfico ilícito de entorpecentes exige o reconhecimento da traficância pelo acusado, não bastando a mera admissão da posse ou propriedade para uso próprio.

636 • [art. 59 do CP] • A folha de antecedentes criminais é documento suficiente a comprovar os maus antecedentes e a reincidência.

645 • [art. 335 do CP] • O crime de fraude à licitação é formal, e sua consumação prescinde da comprovação do prejuízo ou da obtenção de vantagem.

659 • [art. 71 do CP] • A fração de aumento em razão da prática de crime continuado deve ser fixada de acordo com o número de delitos cometidos, aplicando-se 1/6 pela prática de duas infrações, 1/5 para três, 1/4 para quatro, 1/3 para cinco, 1/2 para seis e 2/3 para sete ou mais infrações.

ÍNDICE REMISSIVO

ABANDONO DE INCAPAZ: art. 133

ABANDONO OU EXPOSIÇÃO DE RECÉM-NASCIDO: art. 134

ABORTO: arts. 124 a 128
- Caso de gravidez resultante de estupro: art. 128, II
- Forma qualificada: art. 127
- Necessário: art. 128, I
- Provocado pela gestante ou com seu consentimento: art. 124
- Provocado por terceiro: arts. 125 e 126

ABUSO NA PRÁTICA DA AVIAÇÃO: art. 35 da LCP

AÇÃO PENAL, DA: arts. 100 a 106
- Ação penal no crime complexo: art. 101
- Ação pública e de iniciativa privada: art. 100
- Decadência do direito de queixa ou de representação: art. 103
- Irretratabilidade da representação: art. 102
- Perdão do ofendido: arts. 105 e 106
- Renúncia expressa ou tácita do direito de queixa: art. 104

ADULTERAÇÃO DE SINAL IDENTIFICADOR DE VEÍCULO: art. 311

ALICIAMENTO DE TRABALHADORES DE UM LOCAL PARA OUTRO DO TERRITÓRIO NACIONAL: art. 207

ALICIAMENTO PARA O FIM DE EMIGRAÇÃO: art. 206

AMEAÇA: art. 147

ANÚNCIO DE MEIO ABORTIVO: art. 20 da LCP

APLICAÇÃO DA LEI PENAL: arts. 1º a 12
- Anterioridade da Lei: art. 1º
- Contagem de prazo: art. 10
- Eficácia de sentença estrangeira: art. 9º
- Extraterritorialidade do crime: art. 7º
- Frações não computáveis da pena: art. 11
- Legislação especial: art. 12
- Lei excepcional ou temporária: art. 3º
- Lei penal no tempo: art. 2º
- Lugar do crime: art. 6º
- Pena cumprida no estrangeiro: art. 8º
- Tempo do crime: art. 4º
- Territorialidade do crime: art. 5º

APLICAÇÃO DAS REGRAS GERAIS DO CÓDIGO PENAL: art. 1º da LCP

APOLOGIA DE CRIME OU CRIMINOSO: art. 287

APROPRIAÇÃO DE COISA ACHADA: art. 169, II

APROPRIAÇÃO DE COISA HAVIDA POR ERRO, CASO FORTUITO OU FORÇA DA NATUREZA: art. 169

APROPRIAÇÃO DE TESOURO: art. 169, I

APROPRIAÇÃO INDÉBITA, DA: arts. 168 a 170

ARREBATAMENTO DE PRESO: art. 353

ARREMESSO DE PROJÉTIL: art. 264

ARREMESSO OU COLOCAÇÃO PERIGOSA EM VIA PÚBLICA: art. 37 da LCP

ASSÉDIO SEXUAL: art. 216-A

ASSOCIAÇÃO CRIMINOSA: art. 288

ASSUNÇÃO DE OBRIGAÇÃO NO ÚLTIMO ANO DO MANDATO OU LEGISLATURA: art. 359-C

ATENTADO CONTRA A:
- Liberdade de associação: art. 199
- Liberdade de contrato de trabalho e boicotagem violenta: art. 198
- Liberdade de trabalho: art. 197
- Segurança de outro meio de transporte: art. 262
- Segurança de serviço de utilidade pública: art. 265
- Segurança de transporte marítimo, fluvial ou aéreo: art. 261

ATIVOS VIRTUAIS:
- Fraude com utilização de: art. 171-A

ATO OBSCENO: art. 233

AUMENTO DE DESPESA TOTAL COM PESSOAL NO ÚLTIMO ANO DO MANDATO OU LEGISLATURA: art. 359-G

AUTOACUSAÇÃO FALSA: art. 341

BEBIDAS ALCOÓLICAS: art. 63 da LCP

BIGAMIA: art. 235

BULLYING: art. 146-A, *caput*

CALÚNIA: arts. 138 e 141

CASA DE PROSTITUIÇÃO: art. 229

CERTAMES DE INTERESSE PÚBLICO, DAS FRAUDES EM: art. 311-A

CERTIDÃO OU ATESTADO IDEOLOGICAMENTE FALSO: art. 301

CHARLATANISMO: art. 283

CYBERBULLYING: art. 146-A, parágrafo único

COAÇÃO NO CURSO DO PROCESSO: art. 344

COMUNICAÇÃO FALSA DE CRIME OU DE CONTRAVENÇÃO: art. 340

CONCURSO DE PESSOAS:
arts. 29 a 31
- Casos de impunibilidade: art. 31
- Circunstâncias incomunicáveis: art. 30
- Regras comuns às penas privativas de liberdade: art. 29

CONDICIONAMENTO DE ATENDIMENTO MÉDICO-HOSPITALAR EMERGENCIAL: art. 135-A

CONHECIMENTO PRÉVIO DE IMPEDIMENTO: art. 237

CONSTITUIÇÃO DE MILÍCIA PRIVADA: art. 288-A

CONSTRANGIMENTO ILEGAL: art. 146

CONTÁGIO DE MOLÉSTIA GRAVE, PERIGO DE: art. 131

CONTÁGIO VENÉREO, PERIGO DE: art. 130

CONTRABANDO: art. 334-A

CONTRATAÇÃO DE OPERAÇÃO DE CRÉDITO: art. 359-A

CONTRAVENÇÕES REFERENTES:
- Administração pública: arts. 66 a 70 da LCP
- Fé pública: arts. 43 a 46 da LCP
- Incolumidade pública: arts. 28 a 38 da LCP
- Organização do trabalho: arts. 47 a 49 da LCP
- Patrimônio: arts. 24 a 26 da LCP
- Paz pública: arts. 39 a 42 da LCP

- Pessoa: arts. 18 a 23 da LCP
- Polícia de costumes: arts. 50 a 65 da LCP

CONVERSÃO DA MULTA EM PRISÃO SIMPLES: art. 9º da LCP

CORRESPONDÊNCIA, DOS CRIMES CONTRA A INVIOLABILIDADE DE: arts. 151 e 152

CORRESPONDÊNCIA COMERCIAL: art. 152

CORRUPÇÃO
- Ativa: art. 333
- Ativa em transação comercial internacional: art. 337-B
- De menores: art. 218
- Ou poluição de água potável: art. 271

CRIME, DO: arts. 13 a 25
- Agravação pelo resultado: art. 19
- Arrependimento posterior: art. 16
- Coação irresistível e obediência hierárquica: art. 22
- Consumado: art. 14, I
- Culposo: art. 18, II
- Descriminantes putativas: art. 20, § 1º
- Desistência voluntária e arrependimento eficaz: art. 15
- Doloso: art. 18, I
- Erro determinado por terceiro: art. 20, § 2º
- Erro sobre a ilicitude do fato: art. 21
- Erro sobre a pessoa: art. 20, § 3º
- Erro sobre elementos do tipo: art. 20
- Estado de necessidade: art. 24
- Excesso punível: art. 23, parágrafo único
- Exclusão de ilicitude: art. 23
- Impossível: art. 17
- Legítima defesa: art. 25
- Pena de tentativa: art. 14, parágrafo único
- Relação de causalidade: art. 13
- Relevância da omissão: art. 13, § 2º
- Superveniência de causa independente: art. 13, § 1º
- Tentativa: art. 14, II

CRIMES CONTRA A ADMINISTRAÇÃO DA JUSTIÇA, DOS: arts. 338 a 359
- Arrebatamento de preso: art. 353
- Autoacusação falsa: art. 341
- Coação no curso do processo: art. 344
- Comunicação falsa de crime ou de contravenção: art. 340
- Denunciação caluniosa: art. 339
- Desobediência a decisão judicial sobre perda ou suspensão de direito: art. 359
- Estrangeiro expulso, reingresso de: art. 338
- Evasão mediante violência contra a pessoa: art. 352
- Exercício arbitrário das próprias razões: arts. 345 e 346
- Exercício arbitrário ou abuso de poder: art. 350
- Exploração de prestígio: art. 357
- Falso testemunho ou falsa perícia: arts. 342 e 343
- Favorecimento pessoal: art. 348
- Favorecimento real: arts. 349 e 349-A
- Fraude processual: art. 347
- Fuga de pessoa presa ou submetida a medida de segurança: art. 351
- Motim de presos: art. 354
- Patrocínio infiel: art. 355
- Patrocínio simultâneo ou tergiversação: art. 355
- Reingresso de estrangeiro expulso: art. 338
- Sonegação de papel ou objeto de valor probatório: art. 356
- Violência ou fraude em arrematação judicial: art. 358

CRIMES CONTRA A ADMINISTRAÇÃO PÚBLICA, DOS: arts. 312 a 359-H

CRIMES CONTRA A ASSISTÊNCIA FAMILIAR, DOS: arts. 244 a 247
• Abandono intelectual: arts. 246 e 247
• Abandono material: art. 244
• Entrega de filho menor a pessoa inidônea: art. 245

CRIMES CONTRA A DIGNIDADE SEXUAL, DOS: arts. 213 a 234-C

CRIMES CONTRA A FAMÍLIA, DOS: arts. 235 a 249

CRIMES CONTRA A FÉ PÚBLICA, DOS: arts. 289 a 311-A
• Crimes assimilados ao de moeda falsa: art. 290
• Emissão de título ao portador sem permissão legal: art. 292
• Moeda falsa: art. 289
• Petrechos para falsificação de moeda: art. 291

CRIMES CONTRA A HONRA, DOS: arts. 138 a 145
• Calúnia: arts. 138 e 141
• Difamação: arts. 139, 141 e 142
• Injúria: arts. 140 a 142
• Retratação: arts. 143 e 144

CRIMES CONTRA A INCOLUMIDADE PÚBLICA, DOS: arts. 250 a 288-A

CRIMES CONTRA A INVIOLABILIDADE DE CORRESPONDÊNCIA, DOS: arts. 151 e 152

CRIMES CONTRA A INVIOLABILIDADE DO DOMICÍLIO, DOS: art. 150

CRIMES CONTRA A INVIOLABILIDADE DOS SEGREDOS, DOS: arts. 153 a 154-B

CRIMES CONTRA A LIBERDADE INDIVIDUAL, DOS: arts. 146 a 154-B

CRIMES CONTRA A LIBERDADE PESSOAL, DOS: arts. 146 a 149-A
• Ameaça: art. 147
• Constrangimento ilegal: art. 146
• Perseguição: art. 147-A
• Redução a condição análoga à de escravo: art. 149
• Sequestro e cárcere privado: art. 148
• Tráfico de pessoas: art. 149-A
• Violência psicológica contra a mulher: art. 147-B

CRIMES CONTRA A LIBERDADE SEXUAL, DOS: arts. 213 a 216-A
• Assédio sexual: art. 216-A
• Estupro: art. 213
• Exposição da intimidade sexual (Registro não autorizado da intimidade sexual): art. 216-B
• Importunação sexual: art. 215-A
• Violação sexual mediante fraude: art. 215

CRIMES CONTRA A ORGANIZAÇÃO DO TRABALHO, DOS: arts. 197 a 207
• Aliciamento de trabalhadores de um local para outro do território nacional: art. 207
• Aliciamento para o fim de emigração: art. 206
• Atentado contra a liberdade de associação: art. 199
• Atentado contra a liberdade de contrato de trabalho e boicotagem violenta: art. 198
• Atentado contra a liberdade de trabalho: art. 197
• Exercício de atividade com infração de decisão administrativa: art. 205
• Frustração de direito assegurado por lei trabalhista: art. 203
• Frustração de lei sobre a nacionalização do trabalho: art. 204

- Invasão de estabelecimento industrial, comercial ou agrícola. Sabotagem: art. 202
- Paralisação de trabalho, seguida de violência ou perturbação da ordem: art. 200
- Paralisação de trabalho de interesse coletivo: art. 201

CRIMES CONTRA A PAZ PÚBLICA, DOS: arts. 286 a 288-A
- Apologia de crime ou criminoso: art. 287
- Associação criminosa: art. 288
- Constituição de milícia privada: art. 288-A
- Incitação ao crime: art. 286

CRIMES CONTRA A PESSOA, DOS: arts. 121 a 154-B

CRIMES CONTRA A PROPRIEDADE IMATERIAL, DOS: arts. 184 a 196

CRIMES CONTRA A PROPRIEDADE INTELECTUAL, DOS: arts. 184 a 186
- Usurpação de nome ou pseudônimo alheio: art. 186
- Violação de direito autoral: art. 184

CRIMES CONTRA A SAÚDE PÚBLICA, DOS: arts. 267 a 285
- Charlatanismo: art. 283
- Corrupção ou poluição de água potável: art. 271
- Curandeirismo: art. 284
- Emprego de processo proibido ou de substância não permitida: art. 274
- Envenenamento de água potável ou de substância alimentícia ou medicinal: art. 270
- Epidemia: art. 267
- Exercício ilegal da medicina, arte dentária ou farmacêutica: art. 282
- Falsificação, corrupção, adulteração ou alteração de produto destinado a fins terapêuticos ou medicinais: art. 273
- Falsificação, corrupção, adulteração ou alteração de substância ou produtos alimentícios: art. 272
- Infração de medida sanitária preventiva: art. 268
- Invólucro ou recipiente com falsa indicação: art. 275
- Medicamento em desacordo com receita médica: art. 280
- Omissão de notificação de doença: art. 269
- Outras substâncias nocivas à saúde pública: art. 278
- Produto ou substância nas condições dos dois artigos anteriores: art. 276

CRIMES CONTRA A SEGURANÇA DOS MEIOS DE COMUNICAÇÃO E TRANSPORTE E OUTROS SERVIÇOS PÚBLICOS, DOS: arts. 260 a 266
- Arremesso de projétil: art. 264
- Atentado contra a segurança de outro meio de transporte: art. 262
- Atentado contra a segurança de serviço de utilidade pública: art. 265
- Atentado contra a segurança de transporte marítimo, fluvial ou aéreo: art. 261
- Interrupção ou perturbação de serviço telegráfico, telefônico, informático, telemático ou de informação de utilidade pública: art. 266
- Perigo de desastre ferroviário: art. 260

CRIMES CONTRA A VIDA, DOS: arts. 121 a 128

CRIMES CONTRA AS FINANÇAS PÚBLICAS, DOS: arts. 359-A a 359-H

- Assunção de obrigação no último ano do mandato ou legislatura: art. 359-C
- Aumento de despesa total com pessoal no último ano do mandato ou legislatura: art. 359-G
- Contratação de operação de crédito: art. 359-A
- Inscrição de despesas não empenhadas em restos a pagar: art. 359-B
- Não cancelamento de restos a pagar: art. 359-F
- Oferta pública ou colocação de títulos no mercado: art. 359-H
- Ordenação de despesa não autorizada: art. 359-D
- Prestação de garantia graciosa: art. 359-E

CRIMES CONTRA O CASAMENTO, DOS: arts. 235 a 240
- Bigamia: art. 235
- Conhecimento prévio de impedimento: art. 237
- Induzimento a erro essencial e ocultação de impedimento: art. 236
- Simulação de autoridade para celebração de casamento: art. 238
- Simulação de casamento: art. 239

CRIMES CONTRA O ESTADO DE FILIAÇÃO, DOS: arts. 241 a 243
- Parto suposto: art. 242
- Registro de nascimento inexistente: art. 241
- Sonegação de estado de filiação: art. 243
- Supressão ou alteração de direito inerente ao estado civil de recém-nascido: art. 242

CRIMES CONTRA O ESTADO DEMOCRÁTICO DE DIREITO: arts. 359-I a 359-U
- Abolição violenta do Estado Democrático de Direito: art. 359-L
- Atentado à integridade nacional: art. 359-J
- Atentado à soberania: art. 359-I
- Espionagem: art. 359-K
- Golpe de Estado: art. 359-M
- Introdução do processo eleitoral: art. 359-N
- Sabotagem: art. 359-R
- Violência política: art. 359-P

CRIMES CONTRA O PATRIMÔNIO, DOS: arts. 155 a 183-A

CRIMES CONTRA O PÁTRIO PODER, TUTELA OU CURATELA, DOS: arts. 248 e 249
- Induzimento a fuga, entrega arbitrária ou sonegação de incapazes: art. 248
- Subtração de incapazes: art. 249

CRIMES CONTRA O RESPEITO AOS MORTOS, DOS: arts. 209 a 212

CRIMES CONTRA O SENTIMENTO RELIGIOSO, DOS: art. 208

CRIMES DE PERIGO COMUM, DOS: arts. 250 a 259
- Desabamento ou desmoronamento: art. 256
- Difusão de doença ou praga: art. 259
- Explosão: art. 251
- Fabrico, fornecimento, aquisição posse ou transporte de explosivos ou gás tóxico, ou asfixiante: art. 253
- Formas qualificadas de crime de perigo comum: art. 258
- Incêndio: art. 250
- Inundação: art. 254
- Perigo de inundação: art. 255
- Subtração, ocultação ou inutilização de material de salvamento: art. 257
- Uso de gás tóxico ou asfixiante: art. 252

CRIMES EM LICITAÇÕES E CONTRATOS ADMINISTRATIVOS, DOS: arts. 337-E a 337-P
- Afastamento de licitante: art. 337-K
- Contratação direta ilegal: art. 337-E
- Contratação inidônea: art. 337-M
- Fraude em licitação ou contrato: art. 337-L
- Frustração do caráter competitivo de licitação: art. 337-F
- Impedimento indevido: art. 337-N
- Modificação ou pagamento irregular em contrato administrativo: art. 337-H
- Omissão grave de dado ou de informação por projetista: art. 337-O
- Patrocínio de contratação indevida: art. 337-G
- Perturbação de processo licitatório: art. 337-I
- Violação de sigilo em licitação: art. 337-J

CRIMES PRATICADOS POR FUNCIONÁRIO PÚBLICO CONTRA A ADMINISTRAÇÃO EM GERAL, DOS: arts. 312 a 327
- Abandono de função: art. 323
- Advocacia administrativa: art. 321
- Concussão: art. 316
- Condescendência criminosa: art. 320
- Corrupção passiva: art. 317
- Emprego irregular de verbas ou rendas públicas: art. 315
- Exercício funcional ilegalmente antecipado ou prolongado: art. 324
- Extravio, sonegação ou inutilização de livro ou documento: art. 314
- Facilitação de contrabando ou descaminho: art. 318
- Funcionário público: art. 327
- Inserção de dados falsos em sistema de informações: art. 313-A
- Modificação ou alteração não autorizada de sistema de informações: art. 313-B
- Peculato: art. 312
- Peculato mediante erro de outrem: art. 313
- Prevaricação: arts. 319 e 319-A
- Violação de sigilo funcional: art. 325
- Violação do sigilo de proposta de concorrência: art. 326
- Violência arbitrária: art. 322

CRIMES PRATICADOS POR PARTICULAR CONTRA A ADMINISTRAÇÃO EM GERAL, DOS: arts. 328 a 337-A
- Contrabando: art. 334-A
- Corrupção ativa: art. 333
- Desacato: art. 331
- Descaminho: art. 334
- Desobediência: art. 330
- Impedimento, perturbação ou fraude de concorrência: art. 335
- Inutilização de edital ou de sinal: art. 336
- Resistência: art. 329
- Sonegação de contribuição previdenciária: art. 337-A
- Subtração ou inutilização de livro ou documento: art. 337
- Tráfico de Influência: art. 332
- Usurpação de função pública: art. 328

CRIMES PRATICADOS POR PARTICULAR CONTRA A ADMINISTRAÇÃO PÚBLICA ESTRANGEIRA, DOS: arts. 337-B a 337-D
- Corrupção ativa em transação comercial internacional: art. 337-B
- Funcionário público estrangeiro: art. 337-D
- Tráfico de influência em transação comercial internacional: art. 337-C

CRIMES SEXUAIS CONTRA VULNERÁVEL, DOS: arts. 217 a 218-C
- Corrupção de menores: art. 218
- Divulgação de cena de estupro ou de cena de estupro de vulnerável, de

cena de sexo ou de pornografia: art. 218-C
- Estupro de vulnerável: art. 217-A
- Favorecimento da prostituição ou de outra forma de exploração sexual de criança ou adolescente ou de vulnerável: art. 218-B
- Satisfação de lascívia mediante presença de criança ou adolescente: art. 218-A

CRUELDADE CONTRA ANIMAIS: art. 64 da LCP

CURANDEIRISMO: art. 284

DANO, DO: arts. 163 a 167
- Ação penal: art. 167
- Alteração de local especialmente protegido: art. 166
- Dano em coisa de valor artístico, arqueológico ou histórico: art. 165
- Introdução ou abandono de animais em propriedade alheia: art. 164

DENUNCIAÇÃO CALUNIOSA: art. 339

DESABAMENTO
- De construção: art. 29 da LCP
- Ou desmoronamento: art. 256

DESACATO: art. 331

DESCAMINHO: art. 334

DESOBEDIÊNCIA: art. 330
- A decisão judicial sobre perda ou suspensão de direito: art. 359

DESTRUIÇÃO, SUBTRAÇÃO OU OCULTAÇÃO DE CADÁVER: art. 211

DIFAMAÇÃO: arts. 139, 141 e 142

DIFUSÃO DE DOENÇA OU PRAGA: art. 259

DIREÇÃO PERIGOSA DE VEÍCULO NA VIA PÚBLICA: art. 34 da LCP

DISPARO DE ARMA DE FOGO: art. 28 da LCP

DISTRIBUIÇÃO OU TRANSPORTE DE LISTAS OU AVISOS: art. 56 da LCP

DIVULGAÇÃO DE SEGREDO: art. 153

DOCUMENTO FALSO, USO DE: art. 304

DOMICÍLIO, VIOLAÇÃO DE: art. 150

DUPLICATA SIMULADA: art. 172

DURAÇÃO E LIMITES DA PENA DE PRISÃO SIMPLES: art. 10 da LCP

EFEITOS DA CONDENAÇÃO: arts. 91, 91-A e 92

EMBRIAGUEZ: art. 62 da LCP

EMISSÃO DE FUMAÇA, VAPOR OU GÁS: art. 38 da LCP

EMISSÃO DE TÍTULO AO PORTADOR SEM PERMISSÃO LEGAL: art. 292

EMPREGO DE PROCESSO PROIBIDO OU DE SUBSTÂNCIA NÃO PERMITIDA: art. 274

ENVENENAMENTO DE ÁGUA POTÁVEL OU DE SUBSTÂNCIA ALIMENTÍCIA OU MEDICINAL: art. 270

EPIDEMIA: art. 267

ERRO DE DIREITO: art. 8º da LCP

ESCRITO OU OBJETO OBSCENO: art. 234

ESTELIONATO E OUTRAS FRAUDES, DO: arts. 171 a 179
- Abuso de incapazes: art. 173
- Alienação ou oneração fraudulenta de coisa própria: art. 171, § 2º, II

- Contra idoso: art. 171, § 4º
- Defraudação de penhor: art. 171, § 2º, III
- Disposição de coisa alheia como própria: art. 171, § 2º, I
- Duplicata simulada: art. 172
- Emissão irregular de conhecimento de depósito ou *warrant*: art. 178
- Estelionato: art. 171
- Estelionato contra idoso: art. 171, § 4º
- Fraude à execução: art. 179
- Fraude na entrega de coisa: art. 171, § 2º, IV
- Fraude no comércio: art. 175
- Fraude no pagamento por meio de cheque: art. 171, § 2º, VI
- Fraude para recebimento de indenização ou valor de seguro: art. 171, § 2º, V
- Fraudes e abusos na fundação ou administração de sociedade por ações: art. 177
- Induzimento à especulação: art. 174
- Outras fraudes: art. 176

ESTRANGEIRA, DOS CRIMES PRATICADOS POR PARTICULAR CONTRA A ADMINISTRAÇÃO PÚBLICA: arts. 337-B a 337-D

ESTRANGEIRO EXPULSO, REINGRESSO DE: art. 338

ESTUPRO: art. 213

ESTUPRO DE VULNERÁVEL: art. 217-A

EVASÃO MEDIANTE VIOLÊNCIA CONTRA A PESSOA: art. 352

EXERCÍCIO ARBITRÁRIO DAS PRÓPRIAS RAZÕES: arts. 345 e 346

EXERCÍCIO DE ATIVIDADE COM INFRAÇÃO DE DECISÃO ADMINISTRATIVA: art. 205

EXERCÍCIO ILEGAL DA MEDICINA, ARTE DENTÁRIA OU FARMACÊUTICA: art. 282

EXERCÍCIO ILEGAL DE PROFISSÃO OU ATIVIDADE: art. 47 da LCP

EXERCÍCIO ILEGAL DO COMÉRCIO DE COISAS ANTIGAS E OBRAS DE ARTE: art. 48 da LCP

EXIBIÇÃO OU GUARDA DE LISTA DE SORTEIO: art. 54 da LCP

EXPLORAÇÃO DE PRESTÍGIO: art. 357

EXPLOSÃO: art. 251

EXPOSIÇÃO OU ABANDONO DE RECÉM-NASCIDO: art. 134

EXTINÇÃO DA PUNIBILIDADE, DA: arts. 107 a 120
- Causas impeditivas da prescrição: art. 116
- Causas interruptivas da prescrição: arts. 117 e 118
- Perdão judicial: art. 120
- Prescrição antes de transitar em julgado a sentença: art. 109
- Prescrição da multa: art. 114
- Prescrição das penas restritivas de direito: art. 109, parágrafo único
- Prescrição depois de transitar em julgado sentença final condenatória: art. 110
- Prescrição no caso de evasão do condenado ou de revogação do livramento condicional: art. 113
- Reabilitação: art. 119
- Redução dos prazos de prescrição: art. 115
- Termo inicial da prescrição antes de transitar em julgado a sentença final: art. 111
- Termo inicial da prescrição após a sentença condenatória irrecorrível: art. 112

EXTORSÃO: art. 158

EXTORSÃO INDIRETA: art. 160

EXTORSÃO MEDIANTE SEQUESTRO: art. 159

EXUMAÇÃO DE CADÁVER: art. 67 da LCP

FABRICO, COMÉRCIO OU DETENÇÃO DE ARMAS OU MUNIÇÃO: art. 18 da LCP

FABRICO, FORNECIMENTO, AQUISIÇÃO POSSE OU TRANSPORTE DE EXPLOSIVOS OU GÁS TÓXICO, OU ASFIXIANTE: art. 253

FALSA IDENTIDADE: arts. 307 e 308

FALSIDADE DE ATESTADO MÉDICO: art. 302

FALSIDADE DE TÍTULOS E OUTROS PAPÉIS PÚBLICOS, DA: arts. 293 a 295
• Falsificação de papéis públicos: art. 293
• Petrechos de falsificação: art. 294

FALSIDADE DOCUMENTAL, DA: arts. 296 a 305
• Certidão ou atestado ideologicamente falso: art. 301
• Falsidade de atestado médico: art. 302
• Falsidade ideológica: art. 299
• Falsificação de documento particular: art. 298
• Falsificação de documento público: art. 297
• Falsificação do selo ou sinal público: art. 296
• Falso reconhecimento de firma ou letra: art. 300
• Reprodução ou adulteração de selo ou peça filatélica: art. 303
• Supressão de documento: art. 305
• Uso de documento falso: art. 304

FALSIDADE IDEOLÓGICA: art. 299

FALSIFICAÇÃO DE:
• Corrupção, adulteração ou alteração de produto destinado a fins terapêuticos ou medicinais: art. 273
• Corrupção, adulteração ou alteração de substância ou produtos alimentícios: art. 272
• Documento particular: art. 298
• Documento público: art. 297
• Papéis públicos: art. 293
• Selo ou sinal público: art. 296
• Sinal empregado no contraste de metal precioso ou na fiscalização alfandegária, ou para outros fins: art. 306

FALSO:
• Alarma: art. 41 da LCP
• Reconhecimento de firma ou letra: art. 300
• Testemunho ou falsa perícia: arts. 342 e 343

FALTA DE HABILITAÇÃO: art. 32 da LCP

FALTA DE SINALIZAÇÃO DE PERIGO: art. 36 da LCP

FAVORECIMENTO:
• Pessoal: art. 348
• Real: arts. 349 e 349-A

FAVORECIMENTO DA PROSTITUIÇÃO OU OUTRA FORMA DE EXPLORAÇÃO SEXUAL: art. 228
• De criança, adolescente ou vulnerável: art. 218-B

FEMINICÍDIO: art. 121-A

FORMAS QUALIFICADAS DE CRIME DE PERIGO COMUM: art. 258

FRAUDE À EXECUÇÃO: art. 179

FRAUDE DE LEI SOBRE ESTRANGEIRO: arts. 309 e 310

FRAUDE PROCESSUAL: art. 347

FRAUDES, DO ESTELIONATO E OUTRAS: arts. 171 a 179

FRAUDES E ABUSOS NA FUNDAÇÃO OU ADMINISTRAÇÃO DE SOCIEDADE POR AÇÕES: art. 177

FRAUDES EM CERTAMES DE INTERESSE PÚBLICO, DAS: art. 311-A

FRUSTRAÇÃO DE DIREITO ASSEGURADO POR LEI TRABALHISTA: art. 203

FRUSTRAÇÃO DE LEI SOBRE A NACIONALIZAÇÃO DO TRABALHO: art. 204

FUGA DE PESSOA PRESA OU SUBMETIDA A MEDIDA DE SEGURANÇA: art. 351

FUNCIONÁRIO PÚBLICO ESTRANGEIRO: art. 337-D

FURTO, DO: arts. 155 e 156

HOMICÍDIO CULPOSO: art. 121

HOMICÍDIO SIMPLES: art. 121
• Caso de diminuição de pena: art. 121, § 1º
• Homicídio qualificado: art. 121, § 2º, I a V

IDOSO, ESTELIONATO CONTRA: art. 171, § 4º

IMITAÇÃO DE MOEDA EM PROPAGANDA: art. 44 da LCP

IMPEDIMENTO OU PERTURBAÇÃO DE CERIMÔNIA FUNERÁRIA: art. 209

IMPEDIMENTO, PERTURBAÇÃO OU FRAUDE DE CONCORRÊNCIA: art. 335

IMPORTUNAÇÃO OFENSIVA AO PUDOR: art. 61 da LCP

IMPRESSÃO DE BILHETES, LISTA OU ANÚNCIOS: art. 55 da LCP

IMPUTABILIDADE PENAL: arts. 26 a 28
• Embriaguez: art. 28, II
• Emoção e paixão: art. 28, I
• Inimputáveis: art. 26
• Menores de dezoito anos: art. 27
• Redução de pena: art. 26, parágrafo único

INCÊNDIO: art. 250

INCITAÇÃO AO CRIME: art. 286

INDEVIDA CUSTÓDIA DE DOENTE MENTAL: art. 23 da LCP

INDUZIMENTO A ERRO ESSENCIAL E OCULTAÇÃO DE IMPEDIMENTO: art. 236

INDUZIMENTO A FUGA, ENTREGA ARBITRÁRIA OU SONEGAÇÃO DE INCAPAZES: art. 248

INDUZIMENTO, INSTIGAÇÃO OU AUXÍLIO A SUICÍDIO OU A AUTOMUTILAÇÃO: art. 122

INFANTICÍDIO: art. 123

INFRAÇÃO DE MEDIDA SANITÁRIA PREVENTIVA: art. 268

INJÚRIA: arts. 140 a 142

INSCRIÇÃO DE DESPESAS NÃO EMPENHADAS EM RESTOS A PAGAR: art. 359-B

INSTRUMENTO DE EMPREGO USUAL NA PRÁTICA DE FURTO: art. 24 da LCP

INTERESSE PÚBLICO, DAS FRAUDES EM CERTAMES DE: art. 311-A

INTERNAÇÃO:
- Em colônia agrícola: art. 15 da LCP
- Em manicômio judiciário: art. 16 da LCP
- Irregular em estabelecimento psiquiátrico: art. 22 da LCP

INTERRUPÇÃO OU PERTURBAÇÃO DE SERVIÇO TELEGRÁFICO, TELEFÔNICO, INFORMÁTICO, TELEMÁTICO OU DE INFORMAÇÃO DE UTILIDADE PÚBLICA: art. 266

INTIMIDAÇÃO SISTEMÁTICA: art. 146-A, *caput*

INTIMIDAÇÃO SISTEMÁTICA VIRTUAL: art. 146-A, parágrafo único

INUNDAÇÃO: art. 254

INUTILIZAÇÃO DE EDITAL OU DE SINAL: art. 336

INVASÃO DE ESTABELECIMENTO INDUSTRIAL, COMERCIAL OU AGRÍCOLA. SABOTAGEM: art. 202

INVASÃO DE DISPOSITIVO INFORMÁTICO: art. 154-A e 154-B

INVIOLABILIDADE DOS SEGREDOS, DOS CRIMES CONTRA A: arts. 153 a 154-B

INVÓLUCRO OU RECIPIENTE COM FALSA INDICAÇÃO: art. 275

JOGO DE AZAR: art. 50 da LCP

JOGO DO BICHO: art. 58 da LCP

LENOCÍNIO E DO TRÁFICO DE PESSOA PARA FIM DE PROSTITUIÇÃO OU OUTRA FORMA DE EXPLORAÇÃO SEXUAL, DO: arts. 227 a 232-A

- Casa de prostituição: art. 229
- Favorecimento da prostituição ou outra forma de exploração sexual: art. 228
- Mediação para servir a lascívia de outrem: art. 227
- Promoção de migração ilegal: art. 232-A
- Rufianismo: art. 230

LESÃO CORPORAL: art. 129
- Aumento de pena: art. 129, §§ 7º e 8º
- Culposa: art. 129, § 6º
- De natureza grave: art. 129, §§ 1º e 2º
- Diminuição de pena: art. 129, § 4º
- Seguida de morte: art. 129, § 3º
- Substituição da pena: art. 129, § 5º
- Violência Doméstica: art. 129, §§ 9º a 11

LICITAÇÕES E CONTRATOS ADMINISTRATIVOS, CRIMES EM: arts. 337-E a 337-P

LIVRAMENTO CONDICIONAL: arts. 83 a 90
- Efeitos da revogação: art. 88
- Especificações das condições: art. 85
- Extinção: arts. 89 e 90
- Requisitos do livramento condicional: art. 83
- Revogação do livramento: art. 86
- Revogação facultativa: art. 87
- Soma de penas: art. 84

LOTERIA ESTADUAL: art. 53 da LCP

LOTERIA ESTRANGEIRA: art. 52 da LCP

LOTERIA NÃO AUTORIZADA: art. 51 da LCP

MATRÍCULA OU ESCRITURAÇÃO DE INDÚSTRIA OU PROFISSÃO: art. 49 da LCP

MAUS-TRATOS: art. 136

MEDIAÇÃO PARA SERVIR A LASCÍVIA DE OUTREM: art. 227

MEDICAMENTO EM DESACORDO COM RECEITA MÉDICA: art. 280

MEDIDAS DE SEGURANÇA, DAS: arts. 96 a 99 do CP e 13 da LCP
• Desinternação ou liberação condicional: art. 97, §§ 3º e 4º
• Direitos do internado: art. 99
• Espécies de medidas de segurança: art. 96
• Imposição da medida de segurança para inimputável: art. 97
• Perícia médica: art. 97, § 2º
• Prazo: art. 97, § 1º
• Substituição da pena por medida de segurança para o semi-imputável: art. 98

MIGRAÇÃO ILEGAL, PROMOÇÃO DE: art. 232-A

MOTIM DE PRESOS: art. 354

NÃO CANCELAMENTO DE RESTOS A PAGAR: art. 359-F

OFERTA PÚBLICA OU COLOCAÇÃO DE TÍTULOS NO MERCADO: art. 359-H

OMISSÃO DE CAUTELA NA GUARDA OU CONDUÇÃO DE ANIMAIS: art. 31 da LCP

OMISSÃO DE COMUNICAÇÃO DE CRIME: art. 66 da LCP

OMISSÃO DE NOTIFICAÇÃO DE DOENÇA: art. 269

OMISSÃO DE SOCORRO: art. 135

ORDENAÇÃO DE DESPESA NÃO AUTORIZADA: art. 359-D

OUTRAS FALSIDADES: arts. 306 a 311
• Adulteração de sinal identificador de veículo: art. 311
• Falsa identidade: arts. 307 e 308
• Falsificação do sinal empregado no contraste de metal precioso ou na fiscalização alfandegária, ou para outros fins: art. 306
• Fraude de lei sobre estrangeiro: arts. 309 e 310

PARALISAÇÃO DE TRABALHO, SEGUIDA DE VIOLÊNCIA OU PERTURBAÇÃO DA ORDEM: art. 200

PARALISAÇÃO DE TRABALHO DE INTERESSE COLETIVO: art. 201

PARTO SUPOSTO: art. 242

PATROCÍNIO INFIEL: art. 355

PATROCÍNIO SIMULTÂNEO OU TERGIVERSAÇÃO: art. 355, parágrafo único

PENA, APLICAÇÃO DA: arts. 59 a 76
• Agravantes no caso de concurso de pessoas: art. 62
• Cálculo da pena: art. 68
• Circunstâncias agravantes: art. 61
• Circunstâncias atenuantes: arts. 65 e 66
• Concurso de circunstâncias agravantes e atenuantes: art. 67
• Concurso de infrações: art. 76
• Concurso formal: art. 70
• Concurso material: art. 69
• Crime continuado: art. 71
• Critérios especiais da pena de multa: art. 60, § 1º
• Erro na execução: art. 73
• Fixação da pena: art. 59
• Limite das penas: art. 75

- Multa substitutiva: art. 60, § 2º
- Multas no concurso de crimes: art. 72
- Reincidência: arts. 63 e 64
- Resultado diverso do pretendido: art. 74

PENA DE MULTA: arts. 49 a 52
- Conversão da multa: art. 51
- Multa: art. 49
- Pagamento da multa: art. 50
- Suspensão da execução da multa: art. 52

PENAS, COMINAÇÃO DAS: arts. 53 a 58

PENAS, DAS: arts. 32 a 95 do CP e art. 5º da LCP

PENAS, ESPÉCIES DE: art. 32 a 52

PENAS ACESSÓRIAS: art. 12 da LCP

PENAS PRIVATIVAS DE LIBERDADE: arts. 33 a 42
- Detração: art. 42
- Direitos do preso: art. 38
- Legislação especial: art. 40
- Reclusão e detenção: art. 33
- Regime especial: art. 37
- Regras do regime aberto: art. 36
- Regras do regime fechado: art. 34
- Regras do regime semiaberto: art. 35
- Superveniência de doença mental: art. 41
- Trabalho do preso: art. 39

PENAS RESTRITIVAS DE DIREITOS: arts. 43 a 48
- Conversão das penas restritivas de direitos: art. 45
- Interdição temporária de direitos: art. 47
- Limitação de fim de semana: art. 48
- Prestação de serviços à comunidade ou a entidades públicas: art. 46

PERICLITAÇÃO DA VIDA E DA SAÚDE: arts. 130 a 136
- Abandono de incapaz: art. 133
- Condicionamento de atendimento médico-hospitalar emergencial: art. 135-A
- Exposição ou abandono de recém-nascido: art. 134
- Maus-tratos: art. 136
- Omissão de socorro: art. 135
- Perigo de contágio de moléstia grave: art. 131
- Perigo de contágio venéreo: art. 130
- Perigo para a vida ou saúde de outrem: art. 132

PERIGO DE CONTÁGIO DE MOLÉSTIA GRAVE: art. 131

PERIGO DE CONTÁGIO VENÉREO: art. 130

PERIGO DE DESABAMENTO: art. 30 da LCP

PERIGO DE DESASTRE FERROVIÁRIO: art. 260

PERIGO DE INUNDAÇÃO: art. 255

PERIGO PARA A VIDA OU SAÚDE DE OUTREM: art. 132

PERTURBAÇÃO DO TRABALHO OU DO SOSSEGO ALHEIOS: art. 42 da LCP

PILOTAR AERONAVE SEM LICENÇA: art. 33 da LCP

PORTE DE ARMA: art. 19 da LCP

POSSE NÃO JUSTIFICADA DE INSTRUMENTO DE EMPREGO USUAL NA PRÁTICA DE FURTO: art. 25 da LCP

PRESTAÇÃO DE GARANTIA GRACIOSA: art. 359-E

PRESUNÇÃO DE PERICULOSIDADE: art. 14 da LCP

PRISÃO SIMPLES: art. 6º da LCP

PROVOCAÇÃO DE TUMULTO OU CONDUTA INCONVENIENTE: art. 40 da LCP

PUBLICIDADE DE SORTEIO: art. 57 da LCP

REABILITAÇÃO, DA: arts. 93 a 95

RECÉM-NASCIDO, EXPOSIÇÃO OU ABANDONO DE: art. 134

RECEPTAÇÃO, DA: arts. 180 e 180-A
- Receptação: art. 180, *caput*
- Receptação animal: art. 180-A
- Receptação qualificada: art. 180, §§ 1º ao 6º

RECUSA DE MOEDA DE CURSO LEGAL: art. 43 da LCP

RECUSAR IDENTIFICAÇÃO À AUTORIDADE: art. 68 da LCP

REDUÇÃO A CONDIÇÃO ANÁLOGA À DE ESCRAVO: art. 149

REGISTRO DE NASCIMENTO INEXISTENTE: art. 241

REINCIDÊNCIA: art. 7º da LCP

REINGRESSO DE ESTRANGEIRO EXPULSO: art. 338

REPRODUÇÃO OU ADULTERAÇÃO DE SELO OU PEÇA FILATÉLICA: art. 303

RESISTÊNCIA: art. 329

RESPEITO AOS MORTOS, DOS CRIMES CONTRA O: arts. 209 a 212

RIXA: art. 137

ROUBO: art. 157

ROUBO E DA EXTORSÃO, DO: arts. 157 a 160

RUFIANISMO: art. 230

SATISFAÇÃO DE LASCÍVIA MEDIANTE PRESENÇA DE CRIANÇA OU ADOLESCENTE: art. 218-A

SEGREDOS, DOS CRIMES CONTRA A INVIOLABILIDADE DOS: arts. 153 a 154-B

SENTIMENTO RELIGIOSO, DOS CRIMES CONTRA O: art. 208

SIMULAÇÃO DE AUTORIDADE PARA CELEBRAÇÃO DE CASAMENTO: art. 238

SIMULAÇÃO DE CASAMENTO: art. 239

SIMULAR-SE FUNCIONÁRIO PÚBLICO: art. 45 da LCP

SONEGAÇÃO DE CONTRIBUIÇÃO PREVIDENCIÁRIA: art. 337-A

SONEGAÇÃO DE ESTADO DE FILIAÇÃO: art. 243

SONEGAÇÃO DE PAPEL OU OBJETO DE VALOR PROBATÓRIO: art. 356

SONEGAÇÃO OU DESTRUIÇÃO DE CORRESPONDÊNCIA: art. 151, § 1º, I

SUBSTÂNCIAS NOCIVAS À SAÚDE PÚBLICA, OUTRAS: art. 278

SUBTRAÇÃO DE INCAPAZES: art. 249

SUBTRAÇÃO OU INUTILIZAÇÃO DE LIVRO OU DOCUMENTO: art. 337

SUBTRAÇÃO, OCULTAÇÃO OU INUTILIZAÇÃO DE MATERIAL DE SALVAMENTO: art. 257

SUICÍDIO, INDUZIMENTO, INSTIGAÇÃO OU AUXÍLIO A: art. 122

SUPRESSÃO DE DOCUMENTO: art. 305

SUPRESSÃO OU ALTERAÇÃO DE DIREITO INERENTE AO ESTADO CIVIL DE RECÉM-NASCIDO: art. 242

SUSPENSÃO CONDICIONAL DA PENA: arts. 77 a 82
- Cumprimento das condições: art. 82
- Prorrogação do período de prova: art. 81, §§ 2º e 3º
- Requisitos da suspensão da pena: arts. 77 a 80
- Revogação facultativa: art. 81, § 1º
- Revogação obrigatória: art. 81

SUSPENSÃO DA PENA DE PRISÃO SIMPLES: art. 11 da LCP

TENTATIVA: art. 4º da LCP

TERRITORIALIDADE: art. 2º da LCP

TRÁFICO DE INFLUÊNCIA: art. 332

TRÁFICO DE INFLUÊNCIA EM TRANSAÇÃO COMERCIAL INTERNACIONAL: art. 337-C

TRÁFICO DE PESSOAS: art. 149-A

ULTRAJE PÚBLICO AO PUDOR, DO: arts. 233 e 234
- Ato obsceno: art. 233
- Escrito ou objeto obsceno: art. 234

USO DE DOCUMENTO FALSO: art. 304

USO DE GÁS TÓXICO OU ASFIXIANTE: art. 252

USO ILEGÍTIMO DE UNIFORME OU DISTINTIVO: art. 46 da LCP

USURPAÇÃO, DA: arts. 161 e 162
- Alteração de limites: art. 161
- De função pública: art. 328
- Supressão ou alteração de marca em animais: art. 162

VADIAGEM: art. 59 da LCP

VIAS DE FATO: art. 21 da LCP

VILIPÊNDIO A CADÁVER: art. 212

VIOLAÇÃO DE:
- Comunicação telegráfica, radioelétrica ou telefônica: art. 151, § 1º, II a IV
- Correspondência: art. 151
- Direito autoral: arts. 184 e 186
- Domicílio: art. 150
- Lugar ou objeto: art. 26 da LCP
- Privilégio postal da União: art. 70 da LCP
- Sepultura: art. 210
- Segredo profissional: arts. 154 a 154-B
- Sexual mediante fraude: art. 215

VIOLÊNCIA OU FRAUDE EM ARREMATAÇÃO JUDICIAL: art. 358

VOLUNTARIEDADE. DOLO E CULPA: art. 3º da LCP

Para conferir as atualizações publicadas após a data de fechamento desta edição*, acesse:

* Acesso válido até 31.12.2025.

Este livro foi impresso pela Gráfica PifferPrint
em fonte Roboto sobre papel Offset 70 g/m²
para a Edipro.